まいにちが、あっけらかん。

高齢になった母の気持ちと行動が納得できる心得帖

［マンガ］なとみみわ
［監　修］大阪大学大学院教授 佐藤眞一

つちや書店

はじめに

理想的な家族とはいったいどのような家族でしょうか？　互いに一切秘密のない家族でしょうか。波風の立つことのない平和な家族でしょうか。

親子や夫婦が互いに言わないでいる事柄はたくさんあります。些細な事でも、多少秘密めいた隠し事があるのは普通です。「お父さんには内緒だけど……」というフレーズは家族内で頻繁に交わされています。また、長い生活の中で、波風が立ったことのない家族は、本当に幸せと言えるのでしょうか。その問題を家族の力で乗り越えてきたからこそ、親子・夫婦の絆が強くなっていったのではありませんか。

隠し事のない「理想の家族」が現実の家族と異なることは、実は誰もが知っています。しかし、それを表だって口には出しません。家族同士に秘密があると疑いながら暮らすことはできませんし、家族に起きる問題をいつも話題にしていては、穏やかな生活が脅かされてしまうからです。

高齢者はこういった家族や人間関係を成立させている暗黙のルールをよく分かっています。口に出したほうがよいこと、出さないほうがよいこと、信じたままのほうが幸せなこと、ハッキリさせたほうがよいこと、などです。

現代の40～50代は周囲の人々にさまざまな配慮をしながら生活をしています。会社の同僚や友人・知人、近所の人々などを思い浮かべてみてください。ですから、人間関係の些細なことにとても敏感です。そのことが家族関係にも影響して、ついつい家族に緊張をもたらしてしまいがちです。ところが、高齢者は、そのような人間の裏と表を熟知しながらも、とても純粋に人を信じようとします。もちろん家族も、です。ですから「私の家族には秘密など絶対にありません」と訴える高齢者はたくさんいるのです。こうした人間観は、高齢者ならではの美徳ではないでしょうか。

本書に登場するなとみさんのお姑さんやお母さんの言動を、こうした目で見てください。読者の皆様には、老いて純粋になる「人間性の素晴らしさ」や「人間らしさ」を感じて、寛容に親御さんや高齢者の方々と接していただければ幸いです。

大阪大学大学院教授　佐藤眞一

まいにちが、あっけらかん。

高齢になった母の気持ちと行動が納得できる心得帖

もくじ

第2章 行動の困ったを解決

はっ！
寝てないよ〜
寝てました！
あぶないから本当ベッドで寝てー
ガバッ

びーちゃんって意外に神経質だね〜
ばあさんが最近雑なんです!!

ちょっとタイム！おトイレ行きたい！
最後にもう1回トイレ行かせて〜
もう！早くしてって言ってるじゃん!!
ブッチーン!!
ドタドタドタ

のどあめでもなめて、あったかくしてれば治るわよ
…ばあさんは病院に行きたがらない

体重また減ってるよ!? なんで？
ラッキー♡
ちょっと怖いよ…

おいしいおいしいおいしい
おかわりっ!!
絶対量は完璧に満たしてますから!!

登場人物紹介

本書のマンガに登場する人物を紹介します。

よしみ（70代）

離れて暮らす実母
加齢とともに怒りっぽい性格に

ばあさん（80代）

同居中の義母
なとみを「びーちゃん」と呼ぶ

なとみみわ

ダンナ

第１章

性格の困ったを解決

老化による体の不調の原因から性格も変わります。
「思い込みがはげしい」「頑固」「キレやすい」など、
イライラしてしまう性格の疑問を解説します。

むかしの話を何回もします…

エピソード1

ダンナのおにぎり話

そしたらパパがね
おにぎり2個も
食べたのよ〜〜
あーーん
え!? うそ!!
すっごい大きい
おにぎりだったのに
ペロっと食べちゃって…
やっぱり外で食べるのって
違うのね〜〜
で、結局ね…
ばあさんは1個
だったから おなかすい
ちゃって、もっと持って
行けばよかった〜って
話だろ?
そうなのよ。
パパよく知ってるね〜
その話
何回も聞いてる
からね!
うそ〜?
おにぎり
食べるたんびに
話すよ

むかしのおにぎりエピソードを、
ことあるごとに繰り返し
話すのはどうして
でしょうか？

1か月前の出来事はすっかり忘れてしまっているのに、「むかしはよかった」「私の若い頃はね……」など、何十年も前のことほど、よく覚えている高齢者は少なくありません。

一般的に人は、直近の出来事ほどよく覚えているものですが、高齢者自身の「自伝的記憶」だけは例外です。自伝的記憶とは、10代後半から30代前半までの出来事をよく思い出す現象のことで、30代後半以降のことは、それほど思い出しません。この若い頃の記憶を最も思い出す現象を「レミニセンス・バンプ」（自伝的記憶のこぶ・隆起）と言います。

なぜ、レミニセンス・バンプが起こるかというと、記憶には**「強い感情をともなう出来事ほど忘れにくく、何度も思い出しやすい」**という特徴があるからです。お姑さんがおにぎりの話を繰り返し話すのは、**一生懸命に子育てをしていた頃の記憶がとても大切で、息子さんへの優しい愛情をともなう出来事だった**からではないでしょうか。

また、高齢者が同じ話を繰り返す理由として考えられるのは、

それは、深い愛情を持って子育てをしていたからでしょう。高齢者の記憶には、若い頃の強い感情にともなった出来事ほど思い出しやすい特徴があります。

話題にできる目新しい体験が少ないことも挙げられます。高齢者は若い人に比べ、新しい出来事にそういくつも遭遇するわけではありませんから、ご家族との会話の話題にも困るわけです。そのため、むかしのよい思い出を何度も思い出して話すほうが楽しいのでしょう。また、「デイサービスで会った人の話をしても子どもたちには分からないし、つまらないだろうからやめておこう」と**家族に気を使って話題を選んだ結果、同じ話を繰り返している可能性**もあります。

いずれにしても、誰にでも会話の根底には「自分の話を聞いてほしい」という思いがあるものです。「何度も聞いたから」と話をさえぎるのではなく、どんどん質問して、その話題をきっかけに話を広げていきましょう。たとえ話の内容が苦労話やグチであっても反論せず、「そうだったんだ」「それは大変だったね」などと、まずは共感してあげてください。

なおレミニセンス・バンプは、高齢者だけではなく、45歳以上の人ならば誰にでも起こる現象です。

エピソード2

母がせっかちすぎます…

猪突猛進な母・よしみ

あそこのレジがあいとる！
キラー
!?
すいませーん！お願いしまーす！
みわ！はよせいっ!!
あぶない!!人がいるって！
!!
…
お願いします！
すいません
すいません
もう少し落ち着いてほしい
ドン！

高齢になると記憶力が衰えます。高齢者本人もそれをどこかで自覚しているため、「次にやるべきことを忘れる前に、目の前にあることを早く終えなければ」という気持ちのあせりをいつも抱えています。お母さんも買い物をしながら「次に薬局へ行く」と言っていますから、「薬局に行くことを忘れてしまう前に、早く会計を済ませて安心したい」と思っているところに、あいているレジがあったので、一目散に突進したのです。

また、高齢者はやらなければならない**複数の物事に対して、同時に注意を向け、順序よく処理することが難しくなっている**ことも要因として考えられます。

人が情報を得てから脳が処理する能力には限界があり、一般的に40~50代くらいまでの人であれば、同時に3つ程度の事を処理できます。ところが、高齢になると処理能力が低下し、**同時に2つの事しかできなくなります。**おそらく、お母さんは「あそこのレジがあいている!」と判断し、「レジに進む」という行動を起こした時点で処理能力が尽きてしまい、まわりへの注意

**記憶力と情報処理能力の衰えから
せっかちになりがちで、
まわりが見えない状況に
なってしまっているためです。**

力がおろそかになり、配慮のできない行動になってしまったのでしょう。

さらに、**高齢者の「判断に時間がかかる」という現象**も関係しています。近年の研究から、脳の「白質」という部分の血流が悪くなると、**神経から神経への伝達と反応がにぶくなるなどのさまざまな問題が起こる**ことが解明されてきました。

お母さんが「レジに進む」ことを決めて行動を始めてしまうと、たとえ「目の前に人がいる」ことに気がついたとしても、脳から体への神経伝達が悪くなっているので、途中で行動を止めるのが難しいのです。

せっかちな行動によって人にぶつかったり、他人に迷惑をかけてしまう高齢者はめずらしくありませんが、外出先のまわりに人がいる状況で注意してもプライドを傷つけてしまうだけなので、「あせらなくてもいいよ」「少しくらい遅れても大丈夫」などと声をかけて安心させてあげるだけで、落ち着いて行動できるようになるでしょう。

エピソード3

夫婦じゃないってば

でも、あの人達は兄弟でしょう？
ん？
若手芸人
それちゃうやん！
バシッ！
そこアゴ!!
…いや〜ちがうと思うよ
え〜兄弟じゃないの？
絶対兄弟よ。だってそう聞いたもん
びーちゃんが言ってたんじゃない
え〜〜？言ってないよ〜
ばあさん最近思い込みがはげしすぎる
今後のために検索中
ほら、やっぱ兄弟じゃない

思い込みがはげしすぎて、何度訂正してもまったく聞き入れてくれません。

高齢になると思い違いが増えたり、思い込みがはげしくなったりします。これは**記憶にまつわる能力の低下と、認知（対象を認識すること）の硬さが原因**です。

記憶は、「事実の記憶」と「イメージの記憶」に大きく分類できます。事実の記憶とは、実際に起こった出来事に関する記憶のこと。イメージの記憶とは、「〇〇だったらいいのに」「△△かもしれない」と想像したことに基づいた記憶のことです。

人は事実の記憶とイメージの記憶を現実と照らし合わせ、どちらが正しいのかを無意識に判断しているのですが、**高齢になるとこの判断力が衰え、２つの記憶が混同しやすくなってしまいます。**さらに、一度イメージの記憶を事実と思い込んでしまうと、否定することが難しくなってしまいます。これは認知の硬さが引き起こしている症状で、お姑さんのように、最初の思い込みをなかなか変えられないのはそのためです。

お姑さんはテレビ番組の出演者を見て、「この男女はお似合いだ。きっと夫婦に違いない」、あるいは「仲がよいからこの

記憶力の低下と「認知の硬さ」から「夫婦ならいいのに」と想像した記憶が「夫婦だ」と思い込みの記憶に変わってしまったのです。

2人は兄弟」と想像したのでしょう。これはイメージの記憶にあたりますが、お姑さんの中では事実の記憶と混同されてしまいました。さらに、**認知の硬さからそれが訂正されず**、真実になってしまったことが考えられます。

テレビ時代劇「水戸黄門」が高齢者に人気なのも、同じ理由で説明できます。登場人物の勧善懲悪が明確なので、善人と悪人が分かりやすく、印籠が登場すると悪人が退治されるという展開が毎回同じです。したがって、記憶が混同することも、登場人物の第一印象が変わることもないため、高齢者は安心してテレビを見ていられるのです。

詐欺の被害にあう高齢者が多いのも同様です。「電話の声は息子だ」「この営業マンは優しくていい人」などと思い込み、最後までだまされてしまうのです。

高齢になると、思い違いを真実と確信してしまうことも増えますが、「高齢者とはそういうもの」と理解して、温かく見守ってあげましょう。

言った言わないが多い…

エピソード4

内科の予約入れた?

言ってない！
いいや言った!!
…びーちゃんが予約入れとくね。って言ってなかった？
はぁ〜〜〜？
なにそれ？
あたしは言ってない〜
ま〜ま〜
いいや、言った!!

自分に都合の悪いことに限って
「覚えていない」の
一点張りで困ります。

言った言わないが多くなるのは、高齢者の**脳の記憶の仕組みに問題が生じている**ことが原因です。

脳は記憶に必要な体験や知識を目、耳などの感覚器官から取り込み、前頭葉（情報整理を行う部位）がその情報を判別して、自分の気になった体験や知識だけを海馬《かいば》（短期的に記憶を保存する部位）に送ります。**その海馬で短期記憶として一時的に保存されるのですが、しばらくすると大部分は失われていきます。**ただし、繰り返し思い出している記憶や、ほかの物事と結びつけられた印象の強い記憶は、大脳皮質で長期記憶として別に保存されます。

高齢者は老化によって目や耳の機能が衰えているので、そもそも脳に入ってくる情報量が少なくなっています。また、脳の老化によって、短期記憶を長期記憶に移行する能力も落ちています。そのため、若い頃よりも少なくなった脳の能力だけを使っている高齢者は、自分にとって必要と思われる記憶の保持だけを行います。つまり、高齢者は**都合の悪い記憶だけを忘れ**

**「覚えていない」と、ウソを
ついているわけではありません。
都合の悪い記憶は忘れる、
または、思い出さないように
脳が働いているのです。**

てしまうのではなく、「覚えられない」、もしくは「覚えていても思い出さない」ような脳の仕組みになっているのです。

このことから、お姑さんにとって病院の予約はさほど重要ではなかったということが読み取れます。「自分で予約すると言った」のが事実だったとしても、覚えておかなくてはいけないほど重要な情報ではないと脳が勝手に判断したため、忘れてしまったのでしょう。

近い将来に関する記憶を「展望的記憶」と呼びますが、これには、**「忘れてもそれほど支障なし」と無意識に思っていることほど忘れやすく、「忘れたら大変なことになる」情報ほど忘れない**という特徴があります。

さまざまな社会的責任を背負ってきた高齢者にとって「忘れたら大変なことになる」情報は、これまでたくさんあったことでしょう。そのような長い人生経験から**高齢者の展望的記憶は若い人よりも高く**なっていますので、自分で「覚えておきたい」と思った情報であれば、忘れることはありません。

エピソード5

もうそろそろ、行く？

…やっぱり行ってるね
あたし歩くの遅いから～
まったく～。好きにしなよ。
……
…疲れたでしょ？まだ待ってる？
…疲れてないから待ってるよ～
イス座る？
…うん
本当、頑固だなぁ～

親切心でアドバイスをしてもまったく耳を貸さない頑固さが理解できないのですが。

自分で決めたことに固執する、人の意見を聞かない、自分の考えを優先するなどの**頑固に見える行為は、思い込みをなかなか変えられない「認知の硬さ」が原因**です。

高齢になると、脳の老化によって自分で最初に思い込んでしまったことを変えることや、やり始めたことを途中で変更することが難しくなります。そのため、お姑さんのように「お迎えまで、あと1時間ぐらいあるよ」となとみさんからアドバイスされても、はじめに自分で決めた「予定に間に合うように早めに行動したい」という考えを**柔軟に変更することができなくなっている**のです。

また、お姑さんは、「今日はデイサービスに行く日」と理解しているので、予定の時間に間に合うように準備を進めて家を出るために早めに行動したいと考えています。それは、目的を忘れてしまうことへの不安から、**早めの行動で目的を遂行したほうが安心だと考えている**ためです。

さらに、高齢者は常に記憶と身体能力の衰えを感じており、

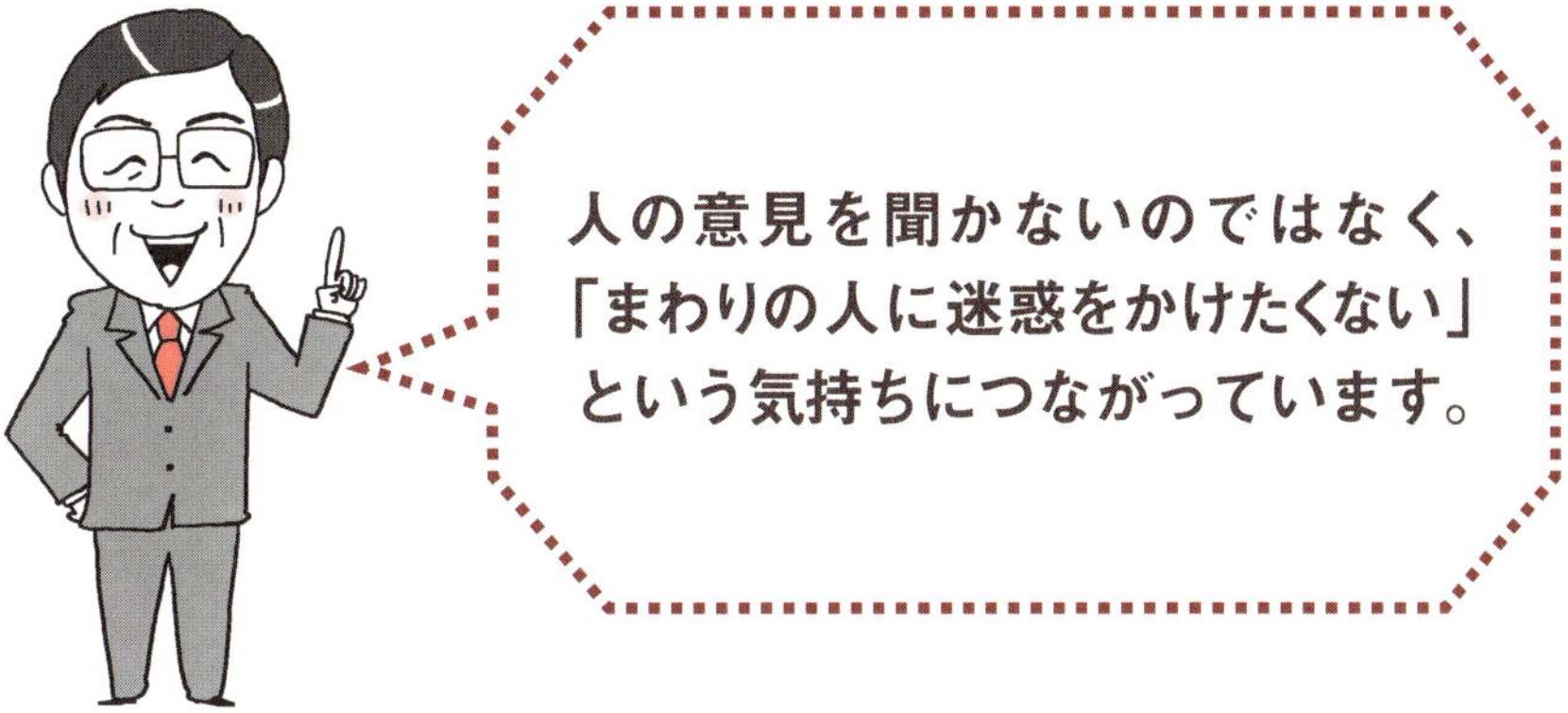
人の意見を聞かないのではなく、
「まわりの人に迷惑をかけたくない」
という気持ちにつながっています。

これ以上**「人に迷惑をかけられない」という気持ちが強くなっています。**

ですから、お姑さんは「遅れたらデイサービスの人に迷惑をかけてしまう」との思いが強く、遅刻するよりはたとえまだ早くても、その場所に行って待っていようと考えたのでしょう。**それが自分自身でもっとも安心できる行動**なので、約束の時間まで長く待ち続けることについては、特に気にしていません。

親切心からアドバイスしても、それを聞き入れようとしない高齢者の行動は、理解できない「頑固」な行動のように見えますが、その根底には、まわりの人への思いやりと優しい心遣いがあるのです。

高齢者が集うイベントでは、開演の数時間前から会場にやって来て待っている人が多くいます。この場合も、遅れると「たくさんの人に迷惑をかけてしまうかもしれない」という不安感からの早めの行動と、早く会場に着いて安心したいという２つの気持ちが働いているのです。

エピソード6

すぐにキレるのはなぜ…

ずーっと怒り続ける母・よしみ

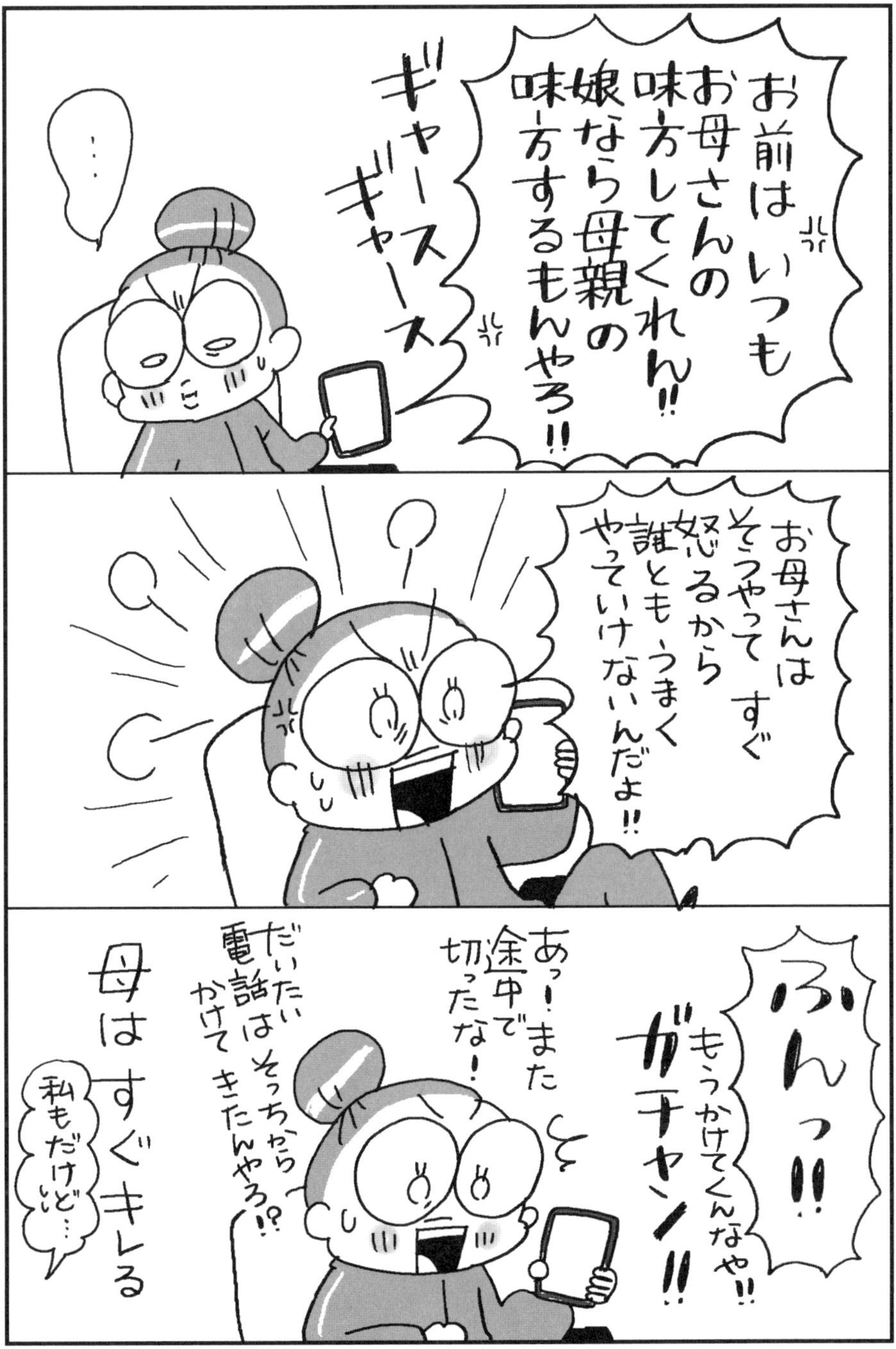
お前は いつも お母さんの 味方してくれん!! 娘なら母親の 味方するもんやろ!!

ギャース ギャース
…

お母さんは そうやって すぐ 怒るから 誰とも うまく やっていけないんだよ!!

ふんっ!!

もうかけてくんなや!!

ガチャン!!

あっ! また 途中で 切ったな!

だいたい 電話は そっちから かけて きたんやろ!?

母は すぐ キレる
私もだけど…

ご近所さんに言いたい放題の母。
話を聞いていると、こちらまでイライラしてしまいます。

高齢になると穏やかだった人でも短気になるようですが、これは主にストレスが原因です。**過剰なストレスが、我慢を抑制できない性格にさせてしまっている**のです。

高齢者は身体能力が低下して思うように体が動かなくなったり、変化の激しい現代の世の中に理解が追いつかず、自分自身に対して慢性的にイライラしているところへ、さらに家族から年寄り扱いされることもあって、私たちが想像している以上に、**自己評価を否定され、ストレスを感じる機会の多い環境に身を置いています。**

また、思考や感情、理性を担う**前頭葉の抑制機能も老化によって低下している**ので、自分の感情を抑えにくく、まわりに気を使う心の余裕がなくなっています。

お母さんのように人の悪口が口ぐせのようになっている高齢者は多いようですが、これは「自分はまったく悪くない、悪いのは相手のほうだ」と思い込むことで、自分の行動を正当化させ、気持ちを楽にさせようという自己防衛の心理が働いている

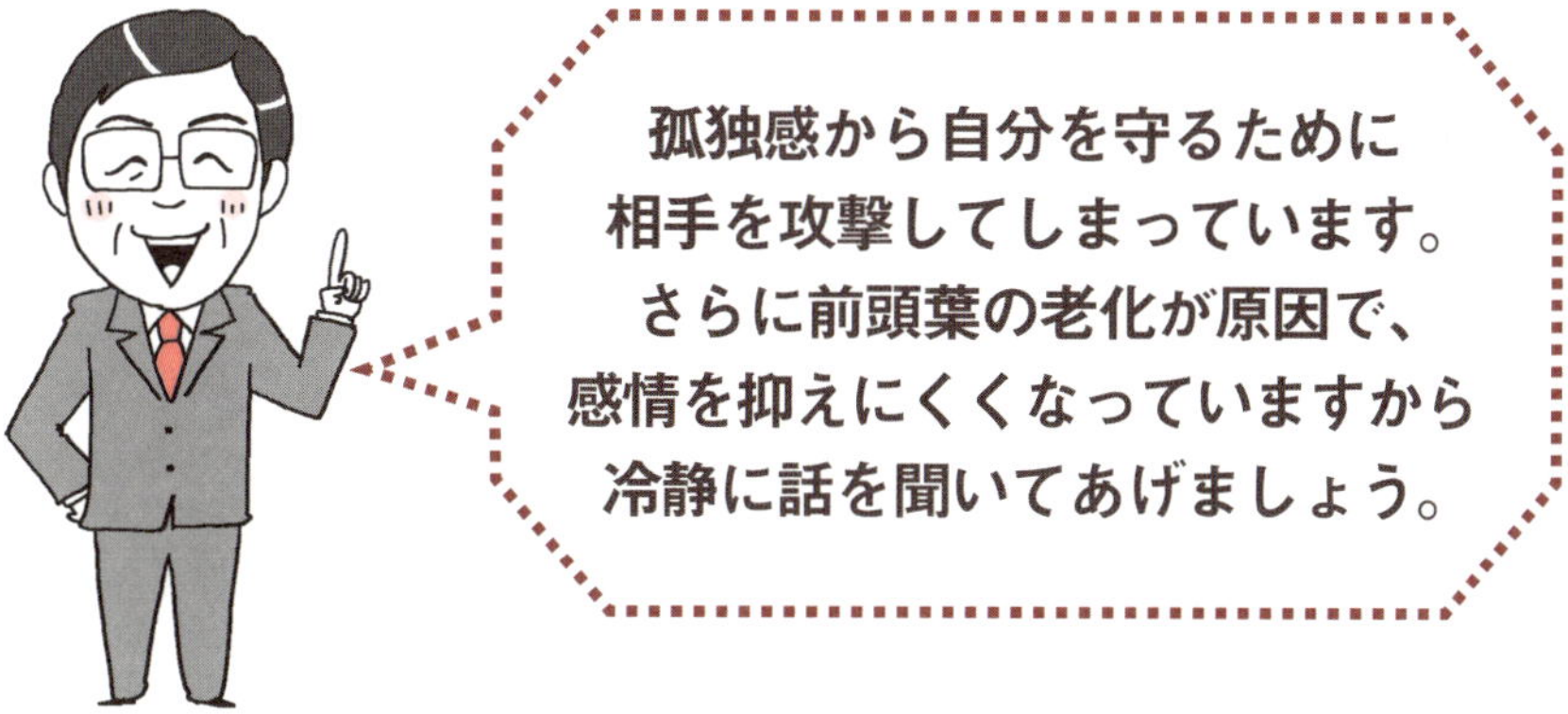
孤独感から自分を守るために
相手を攻撃してしまっています。
さらに前頭葉の老化が原因で、
感情を抑えにくくなっていますから
冷静に話を聞いてあげましょう。

ことで起こります。

このように相手に対して攻撃的になりやすい人は、孤独や孤立を感じている場合が多く、**「まわりの人が一緒に何もしてくれないのは、自分の気持ちを理解してくれない相手が悪い」**すなわち、**自分の不幸は他人や環境のせいという「他罰《たばつ》」の感情を持つ**ようになっているのです。

今回の場合、お母さんは自分の味方になってほしくてなとみさんに連絡をしています。ところが、一方的に自分の考えを否定されてしまったので、さらに孤独を感じてしまい、なとみさんに対してもさらに憤慨してしまったのでしょう。

ところで、高齢になってちょっとしたことでも怒りやすくなるのは、女性よりも男性のほうが多いように感じます。特に**現役時代にバリバリ仕事をしていた人ほど自己評価とプライドが高い**ので、自分への評価が否定されると我慢できなくなってしまうようです。できる限り味方になって、ストレスを減らしてあげることが大切です。

エピソード7

プライドが高すぎる…

姑のオハコは肉じゃが？

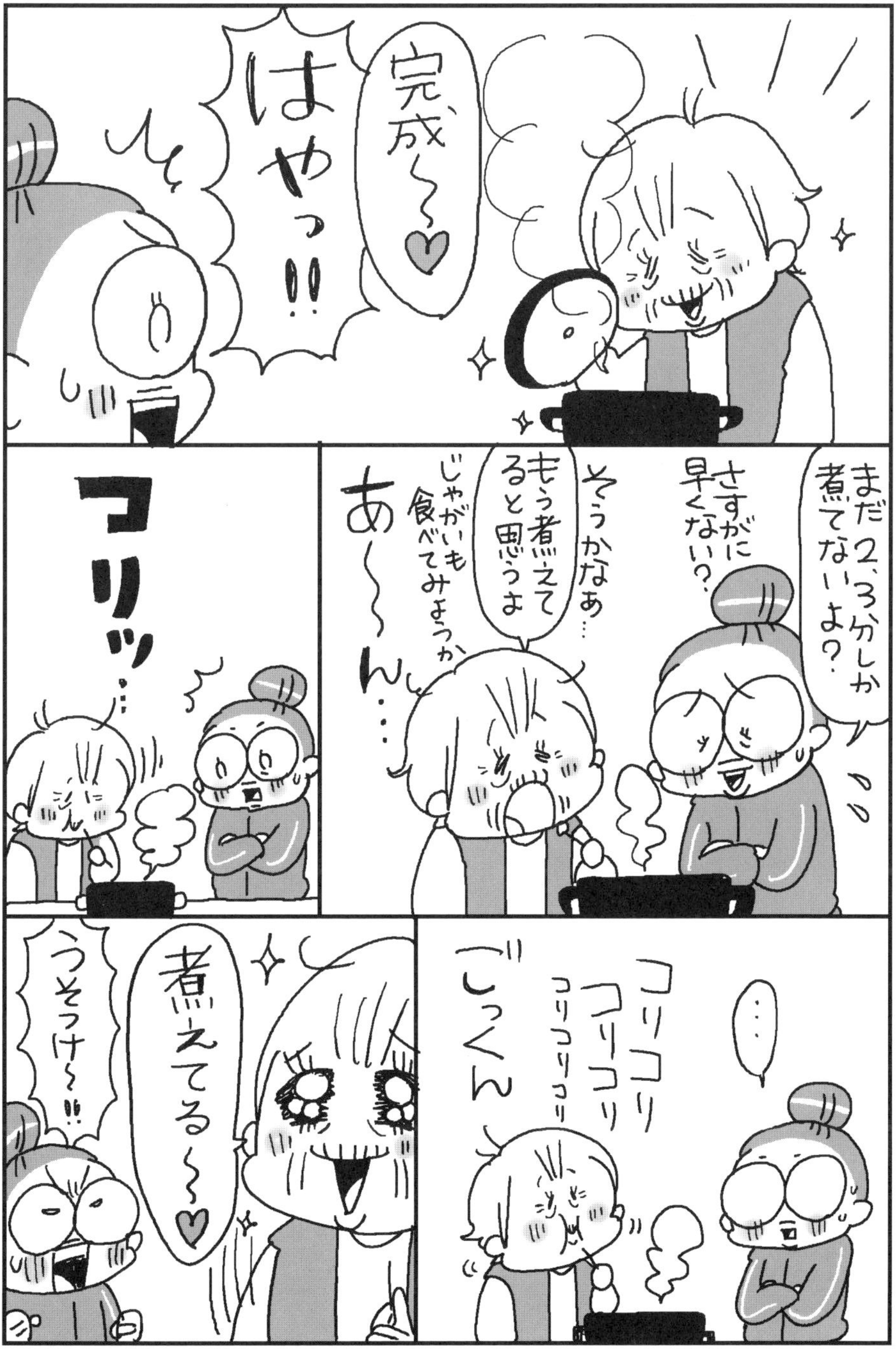
完成〜〜♥
はやっ!!
まだ2、3分しか煮てないよ？
さすがに早くない？
そうかなあ…
もう煮えてると思うよ
じゃがいも食べてみようか
あ〜〜ん…
コリッ…
コリコリ
コリコリ
コリコリコリ
ごっくん
…
煮えてる〜〜♥
うそつけ〜!!

間違いを認めない
プライドの高さは、
いったい
どこからくるの？

高齢者は**「自分は人の役に立っている価値ある人間である」という思い（自尊心）**を強く持っています。

老化によって脳や体の機能が衰えると、「以前できていたことができなくなる」「ちょっとしたミスが増える」など、自分ではなかなか受け入れにくい事実に直面して落ち込む機会が増えてしまいます。そんなときに、**「自分には価値がある」と思う自尊心で、否定したい事実をカバーしている**のです。

この感情を支えているのは**「自分はまだ人の役に立てる」という誇り**です。この強い思いによって、自尊心を保とうとしているので、まわりからはプライドが高いように見えてしまう場合があります。

お姑さんの場合、自分が作る料理はおいしいという自信があるので、肉じゃがを作って家族に喜んでもらえれば、「役に立っていると認めてもらえる」と考えています。それなのに、**料理の手順を間違い、指摘されたことを受け入れてしまうと、「役に立たない自分」になってしまうと考え**、間違いを認められな

「自分は人の役に立っている」
という自尊心から
プライドが高く見えて
しまっているのでしょう。

かったのでしょう。

　このように間違いを認められない高齢者は多く見受けられます。特に75歳以上の後期高齢者には**「自分は人の役に立つ人間ではなく、世話をされる人間になった」**と考える人が多くなる傾向があり、高齢者は常に**「自信のある自分」と「自信のない自分」の間を揺れ動きながら生活をしている**と考えられます。

　高齢者にとって自尊心はとても大切で、自信をなくしてしまうとさまざまなやる気を失ってしまう可能性があります。ですから、「自分は人の役に立っている価値ある人間だ」と思いながら自尊心を高く保ち続けることはとても重要なことなのです。

　また、「自分は役に立っている」と感じているほうが精神面の安定を導き、老化によるストレスを軽減させます。これは**実際に役に立てているかどうかではなく、本人がどう思っているかが大切**ですので、まわりの人は高齢者の自尊心と揺れ動く感情を理解して、一方的に頭ごなしに否定することはせずに付き合うようにしましょう。

エピソード8

都合の悪いことはなかったことに…

デイさんはお休みだよ？

※デイサービスのお迎えのことを、わが家では親しみを込めてこう呼んでいます

今日デイさん
お休みだよ？
水曜日だもん
……
…
さすさす
さすさす……
…さてと
部屋の片づけ
やっちゃわないとね
忙しい
忙しい…
…
ばあさん
全力でなかった事に
しようとしてる…

自分に都合の悪いことは、
すぐになかったことに
してしまいます。

高齢者の思考は「自分に有益になるほうへ考える」ようにできています。

たとえば、体力がなくなる、足や腰が痛むといった身体的な老化によって起こる不調を、高齢者は「認めたくない」と思っています。そこで、脳が自分に有益になるように、**本当は認めなければいけない嫌な事実は「認めない（記憶しない）」ように働き、気持ちを切り替えさせている**のです。

これは高齢者がこれまでの人生経験から、嫌な（認めたくない）経験に気持ちを引きずられ苦しい思いをしているよりも、そういった経験は**早く忘れてしまったほうが生きやすい**ということを知っているからです。

ある実験で、若者と高齢者に怖い写真と楽しい写真を見せたところ、「若者は怖い写真」を見る時間が長く、「高齢者は楽しい写真」を見る時間のほうが長かったという結果が出ています。これは高齢者が不快な感情よりも、**楽しい感情に長く触れているほうが人生を豊かにできる**ことを、自分の経験から知ってい

嫌な気持ちを引きずらず、すぐに気持ちが切り替わるように脳が処理しているためです。

るためです。

お姑さんの行動を見てみると、しっかり身支度を整えて、お迎えを待つほど楽しみにしていたデイサービスの日ではなかったことに、本当はがっかりして、とても残念な気持ちになったのだろうと思いますが、その勘違いをすぐに忘れ、気持ちをほかに切り替えられています。この気持ちの切り替えがうまくできず、**落ち込んだ感情を長く引きずったままでいると抑うつ状態になってしまい、体調を崩してしまう**場合もあります。

若い頃の思い出は、美化されて記憶に残りがちです。これは脳が嫌な記憶は削除して、「よい思い出だった」と思えるように働きかけているためです。高齢者は「都合の悪いことをなかったこと」にしているわけではなく、いつまでも嫌な感情（自分に都合の悪い感情）に引きずられているよりも、すぐに忘れて気持ちを切り替え、楽しいこと、やらなければいけない事に目を向けて、人生をもっと有益に過ごすべきと脳が処理をしているだけなのです。

なとみのつぶやき

優しかったばあさん

ばあさんは、2017年5月に亡くなりました。同居だったので一緒にいる時間も長く、ばあさんの言動で理解に苦しむことも多かったのですが、とても優しい人でした。ダンナが酔っぱらって寝てしまい、持っていたハンドタオルをそっとダンナの肩にのせたときは、「ちっさ！」と思わず笑いながらつっこみましたが、ばあさんはいつも、人のために尽くそうと考える人でした。

足が悪くなって買い物にも行けなくなったので、電動ベッドを購入したとき、ばあさんは泣きながら喜んでくれました。でもその日、住んでいるマンション内の自動販売機にジュースを買いに行こうとしたら転んでしまい、「そんな体で行くんだから、無理しないで！」と怒ったら、「ベッドのお礼にジュースを買ってあげようと思って」という理由を聞いて、怒ったことをひどく後悔したのを覚えています。

「自分よりも人のために」を優先するばあさんから、「思いやり」や「優しさ」を教えてもらいました。

第２章

行動の困ったを解決

謎の多い高齢者の行動には、すべて理由があります。
「外出しない」「運転をやめない」「よく転ぶ」などの
どうして？という行動の疑問を解説します。

エピソード1

「行きたくないんだもん」って

来月老人会の忘年会があるんだって!! ちょっと参加してみない? 楽しそうだよ?
…楽しそうなら
びーちゃんが行けばいいじゃない
…え?
…行きたい人が行けばいいんじゃない?
そしてついに
ドッカーン!!
いい加減にしろっ!! だれのために誘ってると思ってるんだよ!!
ダンナ落ち着いてー
だって〜 行きたくないんだもん

あまり外出せず、家の中で過ごしてばかりいる高齢者は少なくありません。これは、**「外出したい」と思う動機が低くなっていることが原因**です。

私たちの行動は、「促進要因」と「抑制要因」に大きく分類できます。促進要因は、その行動をしたくなる要因のことです。「散歩をすると健康によい」「茶話会に行けば友だちに会える」「ずっと行きたかった場所にようやく行ける」など、外出先で考えられる「楽しみ」がそれにあたります。

一方、抑制要因は、「身支度をするのが面倒」「新しいことを覚える自信がない」「たくさんの人と話すのがおっくう」など、わずらわしさを感じさせ、行動を妨げる要因のことです。

お姑さんは「出かけずに家にいたほうがラク」と考えていることから、促進要因になる外出時の「楽しみ」より、抑制要因になる「面倒」のほうが勝っているために外出したくないと思っているのでしょう。また、膝や腰が痛くて歩くのがつらいと感じているのかもしれませんし、足腰が弱っているために転倒す

**「身支度が面倒」「転倒が心配」
などの理由から、外出への
動機が低くなっています。
楽しく外出したくなるきっかけを
考えてあげましょう。**

る「不安」があるのかもしれません。

いずれにせよ、高齢者には、「頻尿なので長時間の外出が心配」「親しい友人がいない」「仲間とけんかをした」などの**抑制要因の原因となる問題が、私たちの想像以上にたくさんあります。**外出を嫌がるのにもお姑さんなりの理由がちゃんとあるはずですが、ご家族の気持ちとしては、誰とも交流しようとせず、家の中、あるいは庭先だけで過ごしている状況は、とても心配になることでしょう。

外出しない**「閉じこもり」の期間が長くなると、他人との交流のほか運動量が少なくなることから、心身の機能が低下するとともに、寝たきりや認知症など、介護が必要な状態になってしまう場合**もありますので注意が必要です。

家族が外出を強制すると逆効果になる恐れもあります。「外出したくなる促進要因」を考えてあげるようにしてください。

また、親しい友人やお孫さんに誘ってもらうと、促進要因としての「きっかけ効果」が期待できます。

エピソード2

それ1年ぐらい、聞いてます

〇〇駅
数ヵ月後・帰省
荷物あるからタクシー乗るか…
パッパ～
みわ～～♪
むかえにきたぞ――
あれ？運転免許証返したんじゃなかったの⁉
ギクッ
ギクッ
ら、来月返すわ…絶対に！
来月返す返すって…！それ1年ぐらい言ってますけど⁉

運転をいまだにやめず、
事故を起こすのではと不安です。
どうすればやめますか？

高齢者が自動車の運転をやめない理由は、運転をやめなければいけないほど**運転能力が落ちている自覚がなく、運転に自信がある**からです。

運転をやめない高齢者は、**「自分は歳を取ったけれど、まだまだ運転できる」**という認識を強く持っています。これは長年、運転を続けている人ほど自分の運転能力を過信しやすく、この傾向になりやすいようです。

若い頃はよかったかもしれませんが、**自覚している運転能力と実際の運転能力の差が大きくなってくると、ブレーキとアクセルを踏み間違えたり、車をこすってしまうような事故の回数が増えていきます。**そうなるとまわりは心配になりますから運転をやめてもらうようにお願いするようになります。しかし、いくら言っても運転免許証を手放さず、そのやりとりが何度も繰り返されてしまうわけです。

なとみさんの場合も、自分の運転能力を過信しているお母さんの判断と、客観的にお母さんの運転を見ているなとみさんの

運転能力が低下している自覚はなく「運転できる自信」があるため、「自己評価と運転能力のずれ」を理解してもらうことが大切です。

評価に食い違いが起こっていることが問題になっています。

脳の老化が進むと、運転能力は低下します。この要因は、脳の情報処理能力が落ち、運転中に必要な注意や確認を同時にいくつも行うことが難しくなるためです。

さらに視力も衰え、**まわりがよく見えなくなるため、事故を起こす危険が高くなります。**こういった状態では、本人も運転中にヒヤッとする経験が増えるでしょうが、事故を起こしてしまう前によく話し合い、運転をやめてもらいましょう。車がないと不便な住宅環境に住んでいる人や、単純に車が好き（運転が趣味）という人もいますので、一概に運転免許証を取り上げるのも難しいと思います。

どうしてもお母さんに運転をやめてほしい場合は、以前のような運転能力がなくなっていることをよく説明して自覚してもらうことが大切ですが、お母さんにとっての「車の価値」を理解したうえで、運転をしなくても生活が不便にならない対策を考えることが最も重要です。

エピソード3

携帯電話を持ってくれません…

ばあさんはどこに?

携帯にかけてみようよ!
持ってってる??
持ったよー
うん、持ってってる。かけてみるね
ん?
トゥルルル…
トゥルルル…
ばあさんのベスト
持ってってないしっ!!
なにが「持ったよ~」だよ!!
トゥルルルル…
トゥルルルル
"ばあさんどこ行っちゃったの!?
その頃 ばあさんは…
こっくり
こっくり
ポカポカ
公園で居眠りしていた。

いざというときのためにも、携帯電話を持ち歩いてほしいのですが…。
持ったよ〜
いってきまーす

携帯電話は今や一般的に普及していますが、高齢者が若い頃にはなかった通信機器です。ですからそもそも、お姑さんは携帯電話になじみがありません。そのため、**携帯電話が「生活に便利で不可欠な物」という認識がなかなか生まれない**のです。いくらこちらが便利だからと言ってすすめても、これまで無くても生活に支障がなかったため、**ご家族の持ち歩いてほしいという願いはなかなか理解できず、携帯電話を持ち歩く必要性を感じていない**というのが本質でしょう。

また、携帯電話の操作を間違えてしまい、「元の状態に戻せなくなった」「充電するのを忘れてしまう」といった**失敗が積み重なり、「携帯電話は面倒で難しい物」という思い込みもあって、「持っていても仕方がない」**と持ち歩かなくなる場合もあります。

現在の携帯電話やデジタル家電は、高齢者向けに文字を大きくしたり、操作を単純に分かりやすくしている物がたくさんありますが、それでも高齢者には理解が難しく、操作方法を間違えてしまうことが多々あります。その理由は、**家電の多くが「階**

携帯電話に必要性を
感じていないのでしょう。
操作が面倒と思っていることも
考えられます。

層構造」になっているからです。

たとえば、携帯電話に送られてきた写真を見るには、メールマークのボタンを押して該当するメールを選び、写真を開くという操作が必要です。また、銀行や郵便局のＡＴＭなども、ボタンひとつ押せば預金や振り込みができるわけではなく、ＡＴＭの指示に従って操作を進めなくては実行されません。一般的な家電の炊飯器や洗濯機でさえも、コンピューターで制御され、階層構造になっています。

「ダイヤルを回せば電話が通じる」「このボタンを押せばテレビが見られる」という単純構造の家電の扱いに慣れた高齢者にとって、携帯電話のようなボタンを押してもすべての操作が完了しない階層構造は、理解するのがとても難しいのです。

携帯電話をどうしても持ってほしいと思うのであれば、お姑さんの「持ち歩く必要性を感じていない物」という気持ちを理解したうえで、外出するときは「持った？」と一声かけてあげるようにしましょう。

エピソード4

ちょっとしたところでも転んで危険…

カーペットの段差にも注意

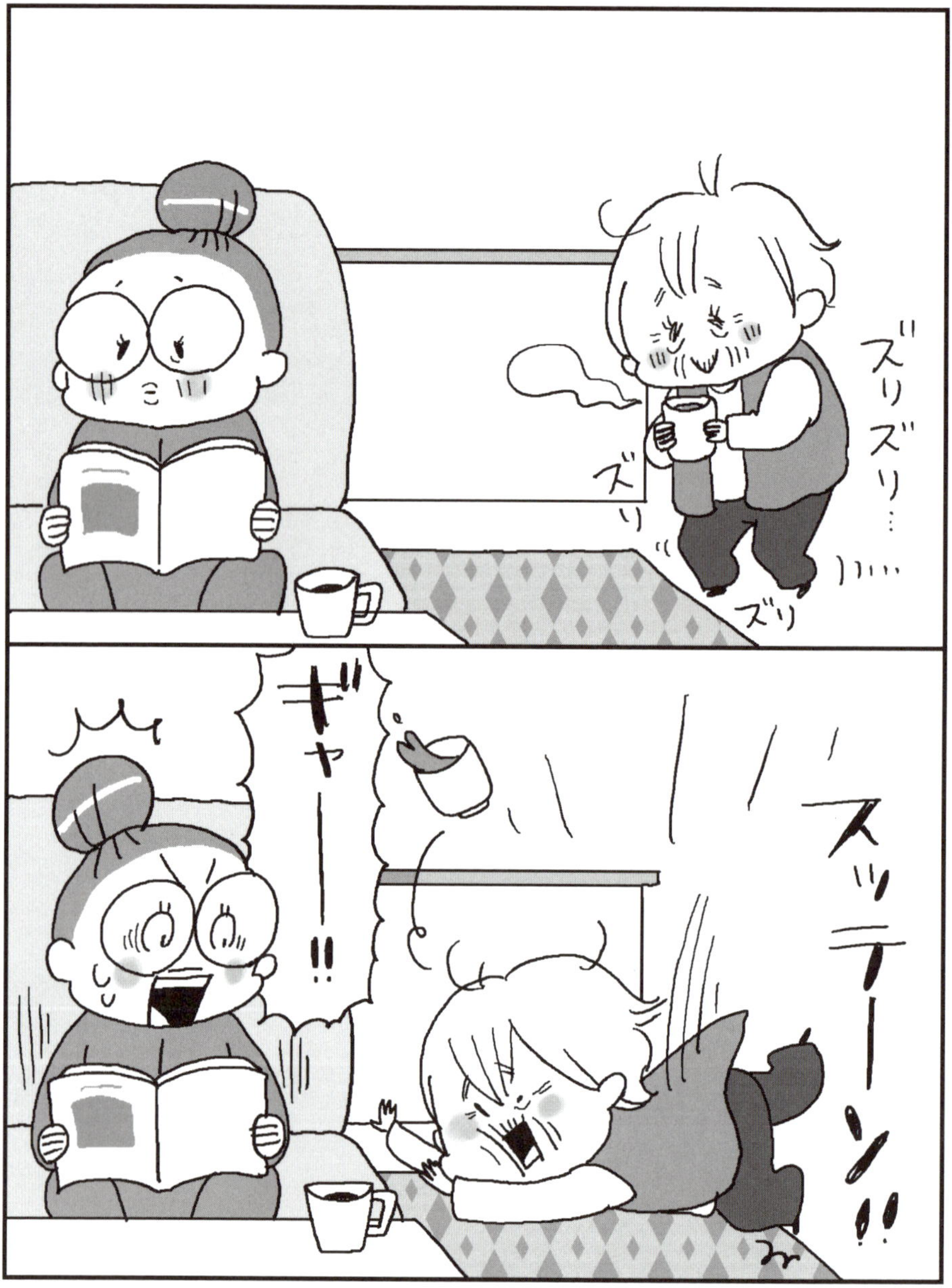

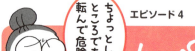

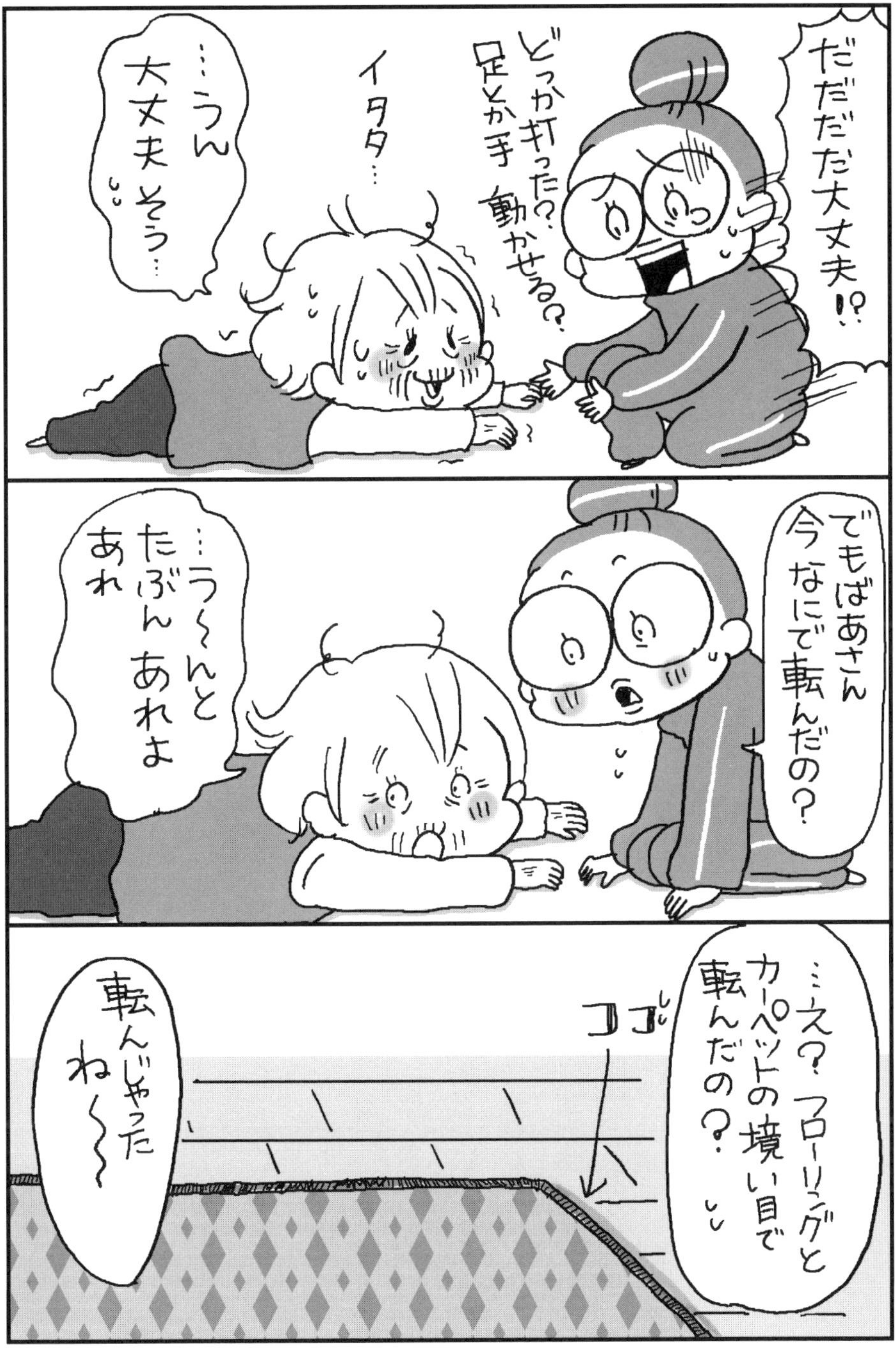
だだだ大丈夫!?
どっか打った？ 足とか手 動かせる？
イタタ…
…うん 大丈夫そう…
でもばあさん 今なにで転んだの？
…う〜んと たぶん あれよ あれ
…え？ フローリングとカーペットの境い目で転んだの？
ココ
転んじゃったね〜〜

ちょっとした段差でも、よく転ぶようになったので心配です。

転倒による足の骨折から寝たきり生活になる高齢者は多く、老年学の世界では、転倒が老化を早める最大の原因と考えられているほど重要な問題です。

高齢者がちょっとした段差にもつまずいたり、よく転ぶようになってしまうのは、**足の筋力（筋肉量）が落ちていることが考えられます。**

高齢者は老化による体の痛み、だるさなどから、**行動することがおっくうになっており、**足の筋肉を使う機会が減ることによって筋肉量がどんどん落ちています。**筋肉量が低下すると、さらに行動するのがおっくうになって体を動かさなくなり、虚弱になります。虚弱になると、食欲が落ちて体重が減り、それによってさらに筋肉量が低下する、という悪循環が生まれます。**

筋肉量が落ちると、足はあまり上がらなくなります。高齢者の歩幅がせまくなり、すり足で歩く人が多くなるのはそのためです。**一度でも転んだ経験のある人は、このような「転びやすい体の状態」になっていますから、さらに注意が必要**です。転

**足の筋肉量の低下が考えられます。
体の老化は足から始まりますが
ケガでも老化が進みますので、
気をつけてあげましょう。**

んだときの恐怖や不安から動けなくなる場合もあり、筋肉量はどんどん低下していきます。

お姑さんのように、カーペット程度の段差で転んでしまうのは、足の筋肉量がかなり落ちている状態と推測されます。この問題には、運動で足の筋力を高めることが効果的です。しかし、単純な運動を継続して行うことは高齢者には難しいので、まずは**「散歩をする」「出かける」など、日中の活動量を一緒に増やす努力**をしてみましょう。

また、足の筋肉量の問題だけではなく、「動かなくなる原因」がほかにある場合もあります。たとえば巻き爪やウオノメなど、足指や足裏の状態が原因で、動くたびに足が痛くて動きたくないと思っている高齢者もいます。この場合は、足の状態を確認してあげてください。

いずれにしても、動かなくなることが原因で筋肉量は落ちてしまいますので、老化を進行させないためにも、ある程度の運動を意識した生活を心がけることが大切です。

エピソード5

言い訳が苦しい母・よしみ

うわっ！
なにこれ!!
どーん
TOILET PAPER ダブル
TOILET PAPER
トイレット ロール
トイレット シングル
TOILET PAPER
TOILET PAPER
tissue paper
TISSUE PAPER
TOILET PAPER
TOILET PAPER
どうした？
お母さん！何よ
このトイレットペーパーと
ティッシュの山!!
こんなにあって
どーすんの!?
紙はくさらんし、
備えや、備え！
え？何の備え？
オイルショック！
・・・

実家の物が増え続けています。なぜため込んでしまうの？

高齢者が物をため込んでいると、ご家族は「こんなに物をため込んで……」と思ってしまいがちですが、本人にはため込んでいる意識はありません。これには**整理整頓ができなくなっているという**、老化による体力と記憶力の低下が深く関係しています。

体力が低下している高齢者は、**整理整頓や掃除することをおっくうに感じています**ので、生活に支障がない程度に家の中が片付いていれば、物が多くなったり、散らかっていることについてはあまり気にせず、買ってきた物をすぐに整理整頓する必要も感じていません。

さらに、高齢になると家族以外の人が家に出入りする機会が少なくなるため、他人の目を意識する必要がなくなり、**「家の中を常にきれいにしておかなければいけない」という意識が薄くなっていることも問題です。**

また、記憶力の低下から**家に何があるか覚えていられないことも原因です**。買い置きがどれだけあるかを思い出せず、買い

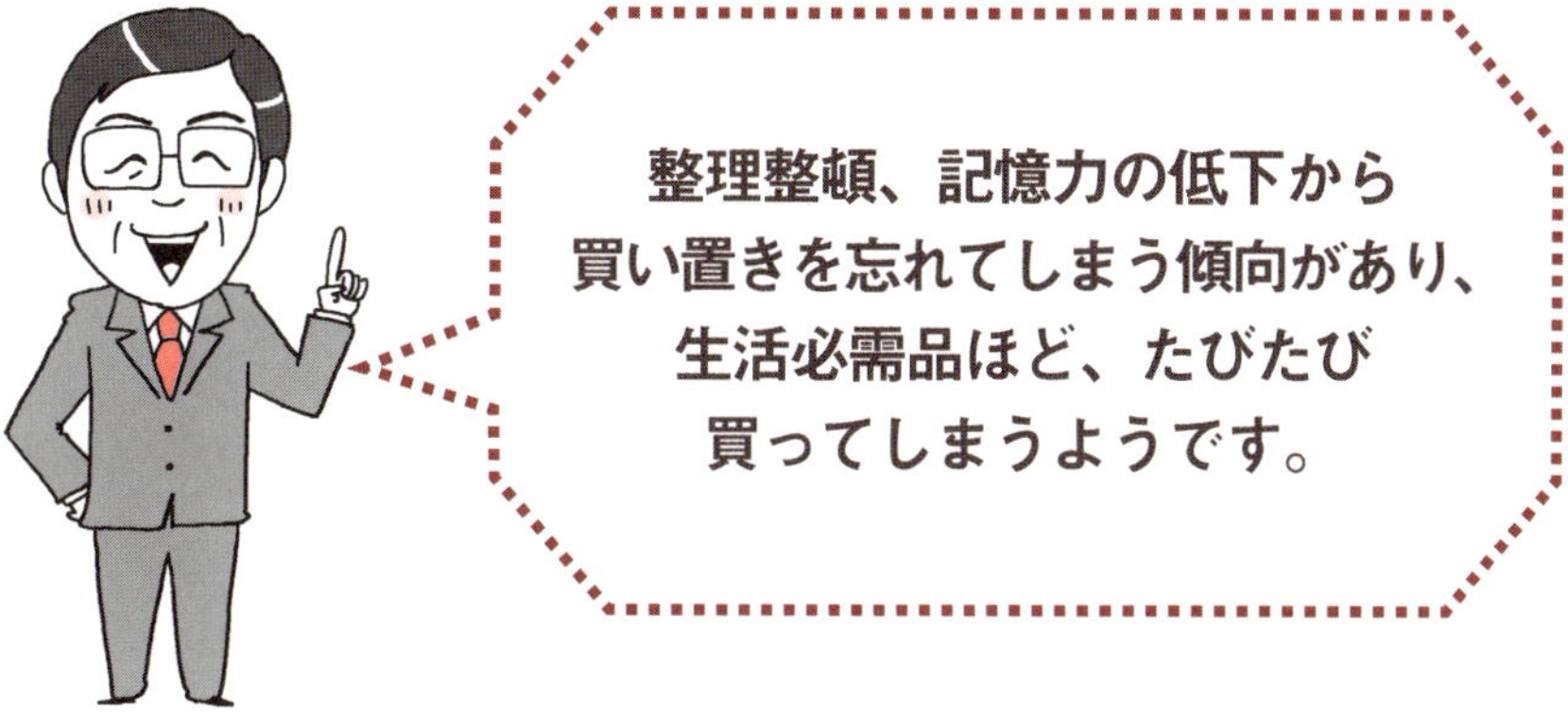
整理整頓、記憶力の低下から
買い置きを忘れてしまう傾向があり、
生活必需品ほど、たびたび
買ってしまうようです。

物に出ると、そのときに必要と思った物を買ってしまうのです。

お母さんが買い物に行くたびに、ティッシュやトイレットペーパーなどを買ってきてしまうのは、これらを**いざというときにないと困る生活必需品と考えている**からです。お母さん自身も買い物から帰って、「家にまだこんなにあった」と気づき、買い置きを忘れてしまっていた自分に落ち込むこともあるでしょうが、**「必要なときに必要な物がないよりは、あるほうが安心できる」**とすぐに気持ちを切り替えてしまうので、落ち込んだことさえも忘れてしまいます。

包装紙や紙袋をいつまでも大事に保管している人もいますが、同じように過去に保管しておいた物が役に立ったという経験があり、**「何かに使える」という意識が強く残っている**ためだと思われます。世代的にも物を捨てることに抵抗を感じ、物を大切にしたいという気持ちが強くあるからかもしれません。

いずれにしても、必要だと思ってしまう物は、買い置きしていることはすっかり忘れて、また買ってきてしまうのです。

エピソード6

元気もやる気もなくて心配

カラカラ
ただいまー！！
みわだよー！！
努めて明るく！
…おかえり〜
…家の中もなんか汚ないなぁ…
声のトーンもすごく暗い…
りんご
…
いま隣のおばさんに会ったよ。なんか最近元気ないんだって？
心配してたよ？
このゴミとかどうしたの？捨ててないの？
ゴミ
はぁ〜〜…
なんかもうどうでもいいのよ…
すべてが…
え!? なになに
どーした、どーした!!

誰とも話したがらず、
理由を聞いても
「すべてがどうでもいい」
と投げやりです。

庭の雑草や郵便ポストの状況を踏まえて考えると、お母さんが誰とも話したがらなくなったのは、**「行動する意欲の低下」が原因**でしょう。

意欲には、「始める前はやる気がなかったけれど、なんとなく行動しているうちに意欲が出てくる」パターンと、「やらなければいけないと分かっているのに、どうしても意欲が湧いてこない」という2つのパターンがあります。お母さんの場合は後者にあたりますが、これは脳の前頭葉機能が衰えている影響が考えられます。

前頭葉の機能は加齢とともに衰えやすい傾向があり、お母さんはその影響を受けてしまい行動する意欲を失っている可能性があります。ただし、意欲の低下はこれだけで説明できるものではありません。

意欲には、ストレスも大きく関係しています。

高齢になると周囲から年寄り扱いされるほか、視力や聴覚が衰えたり、足や腰に痛みを感じたりと老化を自覚する機会が増

前頭葉機能の低下とストレスから、行動意欲の低下が考えられます。普段の様子と違うように感じたら医療機関を受診しましょう。

えますが、これは本人にとって日々積み重なる大きなストレスになります。また、配偶者や親兄弟、知人との死別も解消できないストレスになって蓄積されています。

もし、お母さんが他人との会話さえも拒む場合は、「親戚や友人とケンカした」「近所に嫌な人がいる」など、人間関係にストレスを抱えていることも考えられます。

しかし、これらすべての**ストレスは、本人さえも気づかないうちにためてしまっている場合が多く、その結果、理由が分からないまま「どうでもいい」と投げやりな心境になってしまい、「行動する意欲が低下」してしまうとも考えられています。**

いずれにしても、お母さんのように家が乱雑になったり、誰とも話したがらなくなったという状況はとても心配です。うつ病や認知症の発症も疑われますので、本人が「疲れやすい」「眠れない」などの不調を訴えたり、**いつもとは違う言動をする、あるいは感じることがあれば、早めに医療機関を受診するようにしましょう。**

エピソード7

手の震えが止まりません…

波打って難解な文字

え〜っと…
フルフル
しゅっさん
いわい…
あ〜
上手が震えて
上手に書けないな〜
本当、なんでそんなに
震えるんだろうね
甘栗
ここれで
大丈夫かな？
読める？
…読めない！
けど
お孫ちゃんだから
いいんじゃないかな
おしゅっさん祝
なとみ

手が細かく震えて
字がうまく書けていません。
高齢者には
ことなので
仕方のない
しょうか？

ペンを握った手が震えてしまって書く字が波打つ、コップを持つと手が震えて水がこぼれそうになるなどの高齢者の手の震えについては、いくつかの原因が考えられます。

特に多く見られるのは、脳の神経伝達の衰えが原因で起こる手の震えです。**これは物を持ったり、字を書いたりといった動作時に、小刻みで速い震えが起こりますが、じっと安静にしているときに震えは起きません。**

お姑さんの手の震えがこのタイプであれば、日常生活に支障がない程度ならあまり気にせず、いつもリラックスできるように気を配ってあげましょう。

しかし、**じっとしているとき（安静時）に手だけではなく足も震え、さらに動作がゆるやかになったり、筋肉が硬くなる場合には注意が必要です。**この症状は「パーキンソニズム」と呼ばれていますが、実際にパーキンソン病になってしまっている可能性も疑われます。

パーキンソン病は、神経伝達物質のドーパミンの減少が原因

脳の神経伝達の衰えと筋力の低下が原因ですが、大きな病気につながる可能性もあるので気をつけましょう。

で発症します。ドーパミンは脳の神経に働きかけ、全身の筋肉の動きを調整する役割を担っていますが、**ドーパミンが減ると運動の指令がうまく伝わらず、手の震えなどが起こります。パーキンソン病は認知症の発症につながる恐れもあります**ので、もし思い当たる症状がある場合は、なるべく早く脳神経内科を受診しましょう。

ほかにも、**血流の悪化による指先の冷えや、握力、筋力の低下から手の震えが引き起こされることもあります。**この場合は加齢が要因のひとつと考えられますので、手足を温めたり、マッサージをすることで改善が期待できます。

なお、手足が震えるだけでなく、しびれやマヒも感じているようであれば、脳梗塞など脳血管障害の疑いが考えられます。脳の病気は、発症すると後遺症が残る可能性がありますので、早期の受診が大切です。手の震え程度と思っていても、重大な病気が潜んでいる可能性もありますから、症状をしっかり見極めて対処しましょう。

エピソード8

寝てましたから!

すぐに居眠りをします…

目が疲れちゃったから目えつぶってただけよ〜
ほら、あたし白内障だから
…あ、そう
寝てたくせに…本当にガンコだな〜
あはは
なんでですの?
!!
ぐら〜〜…
わ〜!!ばあさんあぶないよ!起きてー!!
はっ!
寝てないよー〜
寝てました!
あぶないから本当、ベッドで寝てー
ガバッ

日中の居眠りが多くなったのですが、どこか悪いのでしょうか？

高齢者の昼間の居眠りは、夜にしっかり眠れなくなることから**睡眠時間が短くなり、睡眠不足になっていることが原因**です。

睡眠不足の理由には、**「高齢になると睡眠の質が変わり、大脳が活動するレム睡眠時に目覚めやすくなる」**「日中の運動不足によって**体が疲れないことで寝つきが悪くなる**」「膀胱《ぼうこう》の機能が弱くなり、**睡眠時でも何度もトイレに起きてしまう**」などいくつか考えられますが、**大きな理由のひとつに、自律神経機能の衰え**が挙げられます。

人体には、日中に活動する交感神経と、就寝前のリラックスしている状態のときに活動する副交感神経という2つの自律神経があります。この交感神経と副交感神経の切り替えがうまくできないと、寝る前にもかかわらず活動的な交感神経が働いてしまいます。すると**寝つきが悪くなり、十分な睡眠時間を確保することが難しくなるのです。**

そもそも人間には朝起きて日中に活動し、夜は眠るという生体サイクルがあります。これを「サーカディアンリズム」（概日《がいじつ》

**自律神経の衰えから
体内時計のリズムが乱れ、
慢性的な睡眠不足になります。
日中の居眠りで睡眠不足を
補っているのです。**

リズム）、または生体時計と呼びます。体内では、1日の周期リズムを約24時間に設定し、さまざまな活動を行っています。そのうち、睡眠と覚醒（目を覚ますこと）は、自律神経の休息と始動のリズムを整える重要な役割を担っていると考えられており、このリズムが正しく機能するおかげで、私たちは自律神経を正常に保ち、日中は活動的になり、夜はゆっくり休息することができるのです。

ところが、高齢者は**自律神経機能が衰えてサーカディアンリズムが乱れやすく、時間通りの起床や睡眠が難しくなっています。**毎日決まった時間に起きる習慣のある人には影響が出にくいのですが、そうでない場合には睡眠時間が短くなる傾向があり、軽い睡眠障害から寝不足になる人もいます。そのため、対策として睡眠導入剤を利用する人もいるようです。

サーカディアンリズムを正常に保ち、自律神経機能を正常に働かせるためにも、日中の運動量を増やしながら、寝つきがよくなるような工夫をしてみましょう。

トイレが近すぎるのですが…

エピソード9

何回トイレに行くの？

あれ〜…ないなぁ〜
ガサ
ここに入れたぞお母さん…
みわ持っとるか??
ゴソ
持ってるわけないじゃん!
それより急いで〜お母さん
イライラ
あーあった、あった!
絶対カバンに入れたと思っとってん!
ジャーン
さっすがお母さんやろ?
わかったから早く行こうよ、マジで遅れちゃうから
イライラ イライラ
ちょっとタイム!おトイレ行きたい!!
最後にもう1回トイレ行かせて〜
ドタドタドタ
もう!早くしてって言ってるじゃん!!
ブッチーン!!

行動を起こすたびに
トイレに行きたがります。
どうしてなんでしょうか。
ドタドタ

トイレが近くなる「頻尿」は、病気が原因でない限りは、それほど深刻に考える必要はありません。これには、心理面が大きく関係している場合があります。**「トイレに間に合わなかったらどうしよう」「失敗したくない」という心配と不安な気持ちから、頻尿になる**場合があるのです。お母さんもそういった不安から、何度もトイレに行きたくなってしまうのだと思います。また、尿をためている**膀胱《ぼうこう》の筋肉と機能が低下していることも原因**として考えられます。

「トイレが近い」という悩みを抱える高齢者は少なくありません。一般的にトイレに行く回数は、1日（朝起きてから寝るまで）に4〜7回が正常、8回以上になると頻尿とみなされます。また、夜間においては2回以上トイレに行くようであれば、頻尿と判断されます。

膀胱と尿道は、筋肉でできています。私たちは尿をためているときは膀胱の筋肉をゆるめているのですが、**高齢になると、この膀胱の筋肉が硬くなってしまい柔軟にゆるめることができ**

**膀胱の筋肉と、機能の低下が
要因として考えられます。
「間に合わないかも」という不安から
行く回数も増えてしまいます。**

なくなるため、ためられる尿の量が減少し、「トイレに行きたい」と感じる回数が増えてしまうのです。

なお、頻尿は40歳を過ぎたあたりから自覚する人が増えますが、特に女性に多く見られます。これは女性の膀胱が男性に比べると小さく、また、子宮や卵巣といった臓器が男性よりも多くあることが影響しています。（※男女差はあまりないという研究もあります）

また、**加齢に伴う脳や神経伝達の衰えにより膀胱が過敏になる「過活動膀胱」も原因のひとつ**です。これはちょっとした刺激でも膀胱が収縮してしまい、尿の量がいっぱいになっていなくても急に強い尿意が起こる現象です。

頻尿では、長時間の移動や旅行などで困ることもあるでしょうし、もし外出先で失禁してしまったら、お母さんのプライドはとても傷ついてしまいます。どうしても頻尿を改善したい場合は、日常生活で支障のない範囲で無理をせず、トイレに行きたくなったらまずは30分程度我慢して、膀胱の筋肉を鍛えるトレーニングをすすめてみてはいかがでしょうか。

エピソード10

家事が雑になってきました…

衝撃的な家事

♪
ばあさん 洗濯物も たたんでくれます。
…
ぐしゃあ
…
ぐしゃぐしゃ ぐしゃ
ぐっしゃ〜
Tシャツ
ええ〜!?
衝撃的〜!!
ばあさん これじゃあTシャツ シワシワになっちゃうよ?
え?
え〜〜…
ぴーちゃんって意外に神経質だね〜
ばあさんが最近幼稚なんです!!

食器洗いや洗濯物のたたみ方など
手伝ってくれる家事がどんどん
雑になって　きました…。

高齢になると家事が雑になる人はめずらしくありません。家事が得意でキレイ好きなお母さんのイメージが強いと、その落差に驚いてしまうかもしれません。**これには、高齢者の「遂行機能」と「意欲」が大きく関係しています**。

私たちは家事や仕事をするとき、頭の中で計画を立ててから実行しています。たとえば、「まずは茶碗を洗い、次にフライパンを洗って……」と食器を洗う順番を考えたり、その食器をどのように水切りカゴに並べるかを思案したりしながら、同時に手を動かしています。このように**段取りを考え、それを行動に移すという一連の行為をコントロールしている脳の機能が「遂行機能」です**。

遂行機能は主に前頭葉が担っていますが、前頭葉は脳の中でも特に高齢になると衰えやすい部位のため、その影響から遂行機能も低下すると考えられています。**食器の洗い残しが目立つようになったり、洗濯物のたたみ方が雑になっているのは、遂行機能が低下しているから**なのです。このほか買い物をするのが

「遂行機能の低下」から段取りを考えて実行する力が衰えています。また、家事への意欲が低下していることも考えられます。

苦手になったり、料理の品数が減ったり、入浴をおっくうがったりと、これまで何の問題もなかった日常行為が、雑になったり、できなくなったりします。

また、**「意欲」の低下も、家事が雑になる原因のひとつ**です。遂行機能が低下してくることで、**「家事は面倒」「家事から距離をおきたい」と思うようになり、家事への意欲が低下**し、本人も知らず知らずのうちに、家事の精度が低くなっているという場合もあります。

お姑さんの食器洗いに関して言えば、**視力の低下から汚れが見えていない**という可能性もあります。あるいは、指先の力が衰え、汚れを落としきれないということも考えられるでしょう。洗濯物ならば、手が震えるなどの理由から、上手にたためなくなっているだけなのかもしれません。

とは言え、お姑さんには長年家事をこなしてきた自信と「子どもの役に立ちたい」という思いがあるはずです。優しく見守ってあげましょう。

なとみのつぶやき

母への理解

子どもの頃は優しかった母。高齢になるたびに怒りっぽくなりました。近所の人や親戚の悪口など、攻撃的になる母に私もイライラしていて、一度帰省したときに大ゲンカをして、ごみ箱を蹴って帰ってきたこともあります。そんな関係になったこともあり、あまり連絡をとらなくなっていました。

でも、ばあさんとの暮らしを通じて、「むかしのように母とも仲よくなりたい」と思うようになり、母との心の距離を少しずつ詰めていこうと、連絡を再開しました。

１年半ぐらい連絡を続けていくうちに、母が怒るポイントや一人暮らしの母のさびしさなども分かってきて、時間はかかりましたが、以前より母との関係もよくなってきました。

母も話を聞いてもらえると気持ちがすっきりするようで、あまり怒らなくなってきました。腹を立ててばかりじゃなく、「母の気持ちを理解しよう」と思えたことが、お互いにとってよい結果につながっているのかもしれません。

第3章

健康の心配を解決

高齢になってくると体のことが心配になります。
「やせてきた」「いつも便秘」「薬を飲んでくれない」などの
ハラハラする健康にかかわる問題を解説します。

エピソード1

だんだんやせてきました…

体重、減ってるよ?

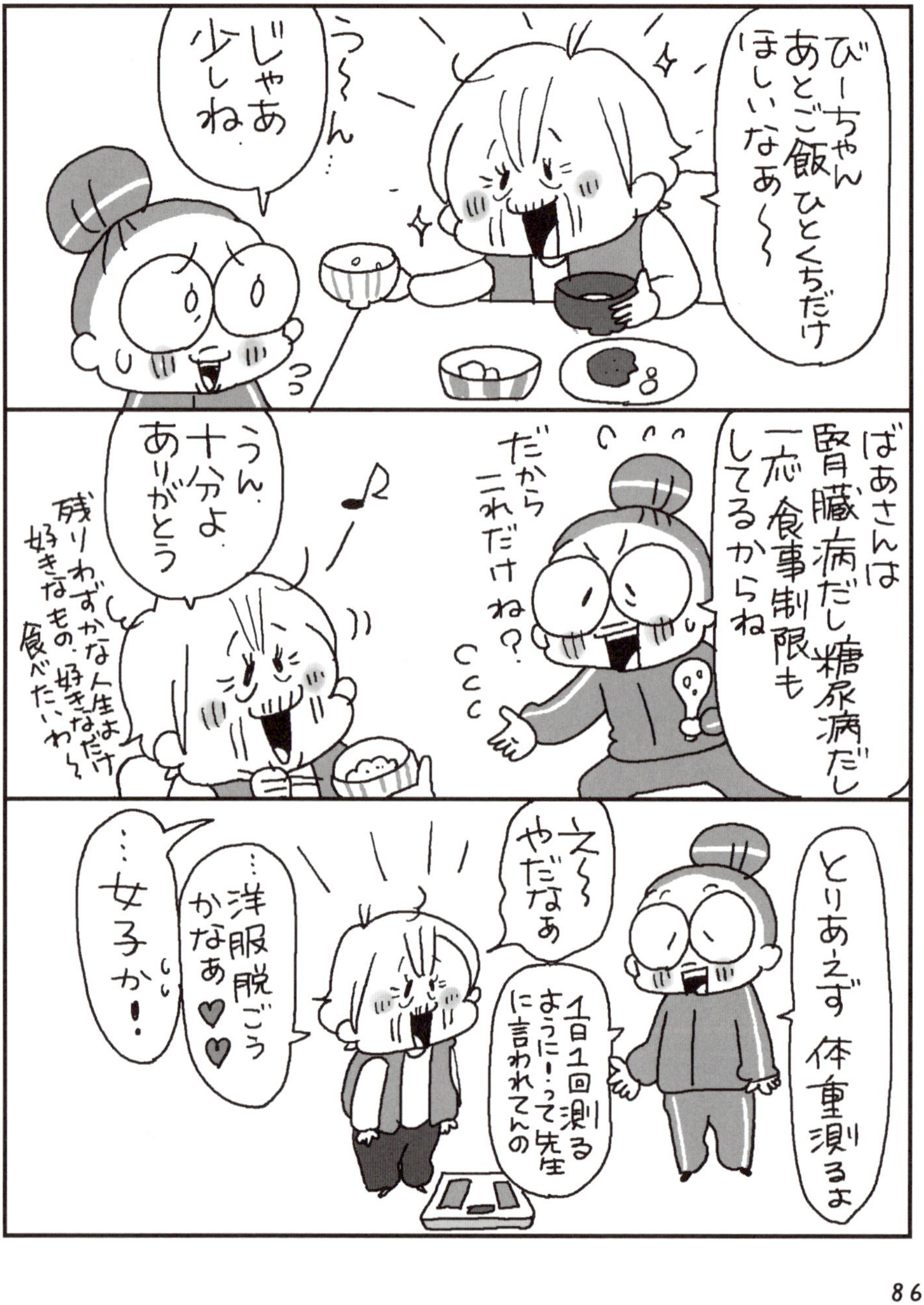

あれ？？減ってる！
いつもと食べる量そんなに変わってないのに…
なんで減ってるんだ？
あら～減ってたの？ラッキー♡
不思議だ…
いいじゃない体重減ってたんだから！
１週間後…
…ば、ばあさん？
体重また減ってるよ!?なんで？
ラッキー♡
ちょっと怖いよ…

食事には気をつけていますが、なぜかどんどんやせてきたので心配です。
ラッキー♡

70歳以上の健康な人に「65歳のときより体重が減りましたか？」と質問すると、ほとんどの人が「はい」と答えます。

このように**ダイエットをしているわけでもないのに自然とやせてくる原因は、「老化」が大きく影響しており、食べられる量の減少、栄養を体に取り込む機能の低下、筋肉量と骨量の減少などが挙げられます。**

高齢者はどんなにすこやかな生活を送っていても、代謝や消化吸収といった栄養を体に吸収する機能が衰えています。たとえ若い頃と同じメニューの食事をしても、同じように栄養が体に吸収されることはありません。体に吸収される栄養の量が減れば、筋肉量と骨量も減少します。その結果、体を動かすこともおっくうになってしまい、さらに食欲も落ちていく……、という老化によって起こる**複数の要因が関係して、体重を減少させている**のです。

高齢者特有の「やせ」が始まる年齢や時期は、体質や体型によって異なります。急激な体重減少や病的にやつれて見えるほ

**高齢者の「やせ」には
食欲の低下や代謝と消化機能の
衰えが関係しています。
虚弱状態になる可能性もあるので
注意してください。**

どではない限り、老化が原因と考えられますので、**必要以上に心配することはありません。**また、高齢者の食欲は健康のバロメーターにもなりますので、お姑さんのように食欲があれば問題はありません。

しかし、**やせてきただけでなく、体力もかなり落ちているようであれば「虚弱状態」になっている可能性があります**ので、注意が必要です。虚弱状態になってくると、感染症、女性に多い骨粗しょう症、転倒による骨折、寝たきりなど、多くの不調を招いてしまう要因にもなりますが、このような身体機能や認知機能が低下した状態のまま虚弱が**進行すると、要介護につながる恐れもあります。**

やせてきたと思ったら、老化がかなり進行し始めているサインと考えましょう。質のよい食事とストレッチなどの軽い運動を継続するようにして、現状のライフスタイルを見直すきっかけにしてください。また、日頃から体重管理をしておくことも大切です。

エピソード2

ドヤ顔でお茶を飲むけど…

ばあさんはこまめに水分とってるよね
そうね〜わりかしとってるんじゃないかな
びーちゃんも飲む？
う〜ん飲もうかな〜
チラ…
少なっ!?
お茶１cm!?ぐらいしか入ってないんですけど!?
茶
い、いつもこのぐらいの量を飲んでるの？
うん！けっこう飲んでるでしょ？
ドヤさ！

あまり水分を飲みません。本人は「飲んでるよ」と言うのですが…。
コポコポコポ

体内の水分量は成人男性なら体重の約60％を占めますが、65歳以上の高齢者になると約50％になります。体内水分量が若い頃に比べて少なくなっている高齢者にとって、こまめな水分補給はとても大切です。**水を飲むことで脱水症状はもちろんのこと、脳梗塞、心筋梗塞などの発症を防ぐ効果が期待できる**からです。

お姑さんが水をあまり飲まない・飲めなくなった理由には、主に3つの要因が考えられます。

まず、**感覚機能の低下**です。発汗や発熱、下痢などにより水分を失って体内の水分量のバランスが崩れると、脳は水分補給が必要だと判断します。このときに自覚するのが「のどの渇き」です。しかし、**高齢になるとすべての感覚機能が低下するため、のどの渇きも感じにくくなります**。したがって、「水を飲みたい」とあまり思わなくなるのです。

次に**発汗機能の低下**です。高齢になると運動によって汗をかく機会はほとんどありませんが暑くても汗をかきにくく、「汗

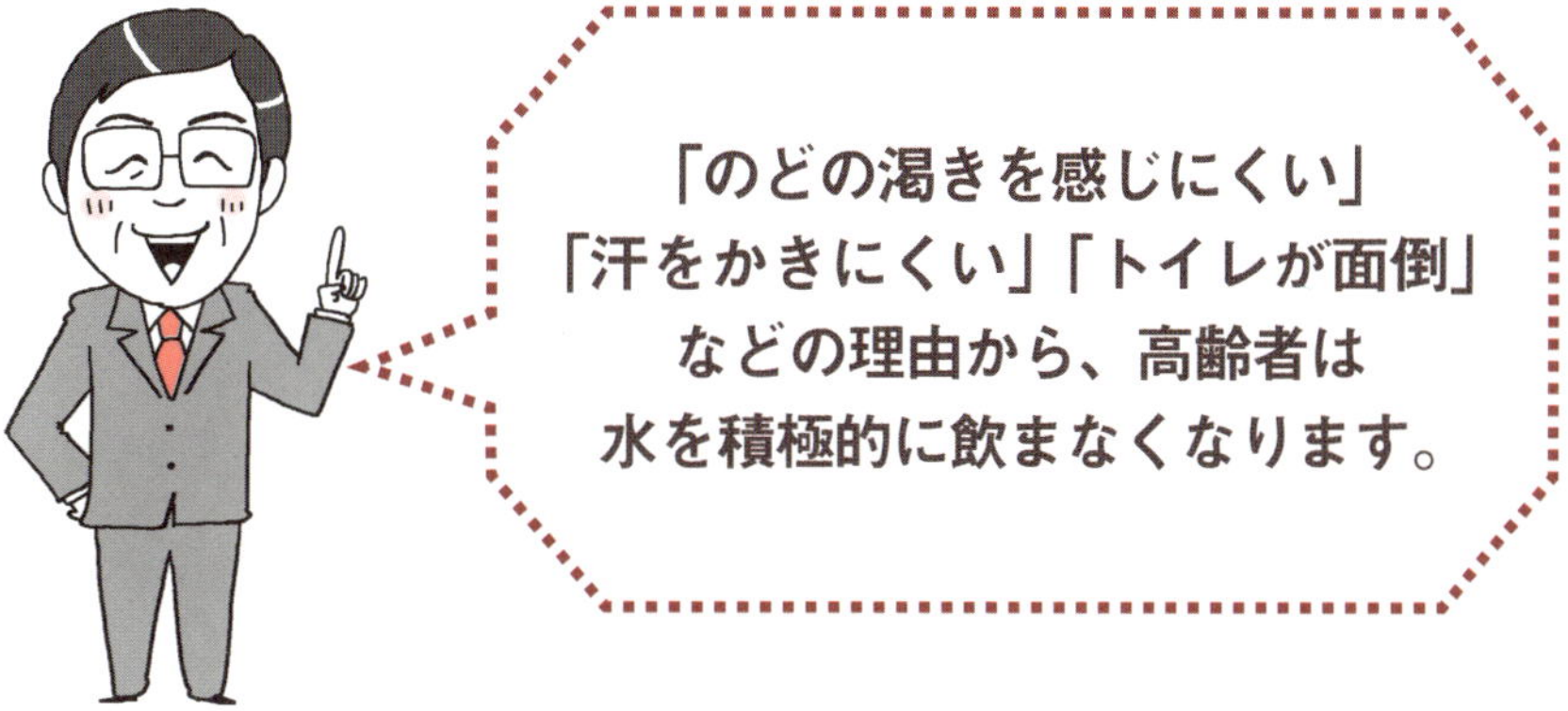
「のどの渇きを感じにくい」
「汗をかきにくい」「トイレが面倒」
などの理由から、高齢者は
水を積極的に飲まなくなります。

腺」という器官の数が減るため、汗の量も少なくなります。汗が出ないと**体内の水分量が減らず、のどが渇きません。**さらに水をあまり飲まない状態が続くと、ますます汗をかきにくくなり、のどが渇かないという悪循環に陥ってしまいます。

最後に、**自分の意思で水分を控えてしまう**ことです。高齢になると頻尿になる人が多く、**「トイレに何度も行くのが面倒」「失禁してしまうのが心配」という理由**から、水をあまり飲まなくなってしまうのです。

近年では、健康を維持するために水分補給の重要性が指摘されるようになりました。夏の熱中症対策はもちろんのこと、空気が乾燥する冬の脱水症を防ぐため、1日に1.5〜2リットル（食事で摂取できる水分も含む）の水を飲むことが推奨されています。しかし、高齢者には、そもそも1日にそれだけの水分量を飲む習慣がなく、**健康のために水をたくさん飲まなければならない必要性を感じていない**のであまり飲まない、という可能性も考えられそうです。

エピソード3

大福はハラハラとともに

すぐのどに詰まらせます…

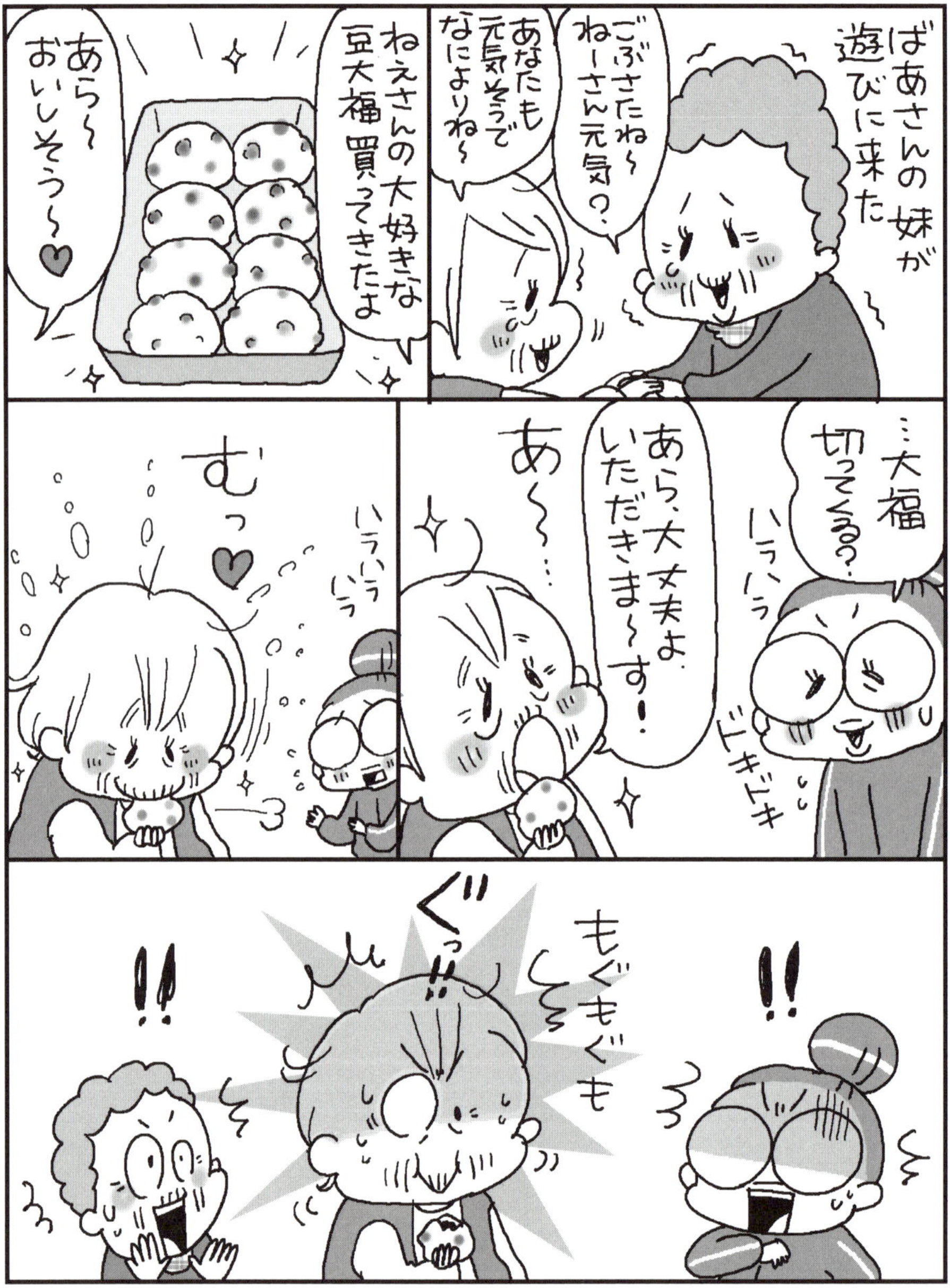

お水お水!
ゴクゴクゴクゴク
大丈夫?
さすさす
…お餅は詰まりやすいからね
ふ―……
あ~びっくりしちゃった
さすさすさす
え~!? 今度は水が詰まったの!?
ゴホゴホゴホ
げほげほげほっ
…

食べ物を口に入れた途端に
のどに詰まらせたり、
水にむせたり…。
ちょっと心配です。
ぐっ!!
もぐもぐもぐ

高齢になると、食べ物や飲み物がのどに詰まりやすくなるのは、**「食べる力」の低下が原因**です。

食べる力がなくなると、**誤って気管に入り込んでしまった飲食物をむせて排出することすらできず、肺炎（誤嚥性《ごえんせい》肺炎）の発症や窒息の可能性もあります。**命に関わる問題にもなりかねませんから、注意が必要です。

口に入れた飲食物はのどから食道に送り込まれ、胃へ運ばれますが、このとき、飲食物が間違って気管に入らないようにするため「喉頭蓋《こうとうがい》」で気管の入口がふさがれる仕組みになっているのです。**高齢になると、のどや舌の筋力の低下、唾液の減少、神経伝達の遅れなどにより、この仕組みがうまく機能しなくなる**ため、飲食物や唾液が気管に入り込みやすくなり、むせてしまうのです。

飲食物や唾液が気管に入ってしまい、のどに詰まる状態のことを「誤嚥」と言いますが、お姑さんが大福を詰まらせ**むせてしまっているのは、気管内に入りそうな異物を追い出そうとし**

それは「食べる力」と「見当能力」が衰えているサインです。誤嚥を防ぐために、調理と食事に工夫をしてあげましょう。

ている、いわば誤嚥を防ぐための体の防御反応なのです。

また、**高齢になると自分や周囲の状況を正しく認識して結果を予想する「見当」能力が低下**することも、のどに飲食物が詰まりやすくなる原因です。

お姑さんの場合、まず、自分が一度に飲み込むことができる「量」の見当を誤ってしまい、大福をひと口で食べてしまいました。さらに、食べる力が低下しているために正しく飲み込むことができず、むせてしまったのでしょう。なお、見当が悪くなると、「食べる力」が低下していない高齢者でも誤嚥を起こす可能性があるので注意することが大切です。

いずれにしても、飲食物をのどに詰まらせてむせやすくなってきたら、「食べる力」と「見当能力」が落ちてきている証拠です。高齢者に多い誤嚥を防ぎ、何歳になってもおいしく安全に食事をしてもらうためには、**ひと口の量は少なめにする、ゆっくり食べる、料理は飲み込みやすいようにとろみをつける**など、調理と食べ方に工夫を加えましょう。

エピソード4

今日も出ないのはなんで？

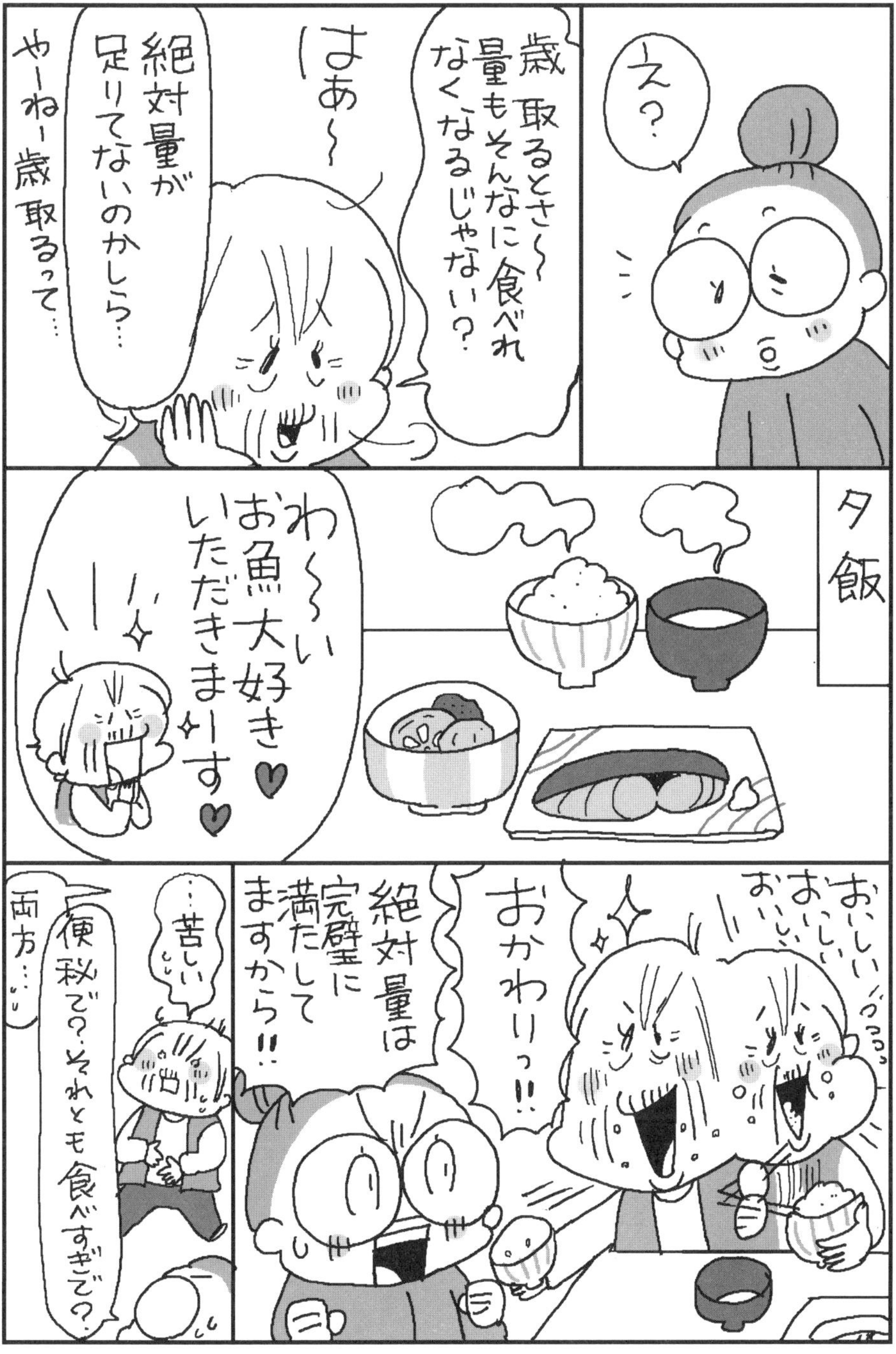
え？
歳取るとさ～量もそんなに食べれなくなるじゃない？
はあ～
絶対量が足りてないのかしら…
やーねー歳取るって…
夕飯
わ～い
お魚大好き
いただきまーす
おいしい
おいしい
おかわりっ!!
絶対量は完璧に満たしてますから!!
…苦しい
便秘で？それとも食べすぎで？
両方…

便秘に悩んでいるようです。
食事はしっかり食べて
いるのですが、
何が原因なので
しょうか？
ジャー

排便のリズムには個人差がありますが、**３〜４日以上排便がなければ便秘の疑いがある**と言えるでしょう。「食べたら出す」は基本的な体の仕組みです。この基本的な仕組みに問題が生じているのには、実にさまざまな要因がからんでいます。

まず考えられるのが、筋肉の衰えです。**排便には、腹筋と直腸、肛門周辺の筋肉が関係していますが、加齢によりこれらの筋肉が弱まると、お腹に力を入れての排便が難しくなります**。

腸の機能の低下も原因のひとつです。通常、便は夜間に作られて腸にたまります。そして、からっぽになった胃に朝食が入るとそれが合図になり、排便が促されます。

しかし、高齢になると腸の感覚が鈍くなり、便意を感じにくくなっているということもありますが、**腸の機能が低下し、便を一晩で作ることが困難になっているために腸内に便がたまらず、排便が促されません。このため、朝になっても便を出せなくなってしまっている**のです。

また、お姑さん自身が言っているように、もちろん食べる量

老化による筋肉と腸の機能低下、自律神経の乱れ、食事量など原因はいくつも考えられますので、問題を見極めて対処しましょう。

と水分量の減少も便秘の原因になりますが、**自律神経の乱れも大きく影響しています。**

自律神経には、交感神経と副交感神経があります。交感神経は日中の活動時間や緊張しているときに優位になり、副交感神経は食事をしているときや就寝中などのリラックスしているときに優位になります。腸は副交感神経が優位になっているときに活発に働きますが、高齢者は自律神経の乱れが原因で便秘になっている人も少なくありません。

このように、高齢者は便秘になりやすい体質になっているのですが、腸に負担がかかるので薬の服用はあまりおすすめできません。腹部のマッサージ、適度な運動、食事や水分をしっかり摂るなどして改善を目指しましょう。

もしご自宅が洋式トイレなら、市販されているトイレ用の踏み台を設置してみるのもおすすめです。排便時に足の位置が安定して**腸や肛門まわりの筋肉に力が入りやすくなります。また、前傾姿勢にもなるので排便しやすくなります。**

エピソード5

病院に行きたがりません…

どんだけ行きたくないの？

食欲はあるの？
うん！いただきまーす
ゲホゲホゲホゲホ!!
ばあさんカゼ？病院は？
大丈夫よ咳しか出ないから
病院に行くほどでも…
ゲホゲホ
ゲホッゲホッ
おいおいおい
そんなひどい咳して病院行きなよ！
大丈夫よ病院なんか行かなくても
大げさね～
みんなにうつるから病院行け!!
…明日絶対病院に連れて行こう…
うつらない…
うつる!!

咳が止まらず
具合が悪そうなので、
病院に行こうと
言っても「大丈夫」
と言い張ります。

病院に行きたがらない高齢者には、さまざまな理由が考えられます。

子どもの頃から、風邪をひいた程度ならねぎを首に巻く、すりおろしたりんごを食べるなどといった薬に頼らない民間療法で対処してきた世代ですので、病院はそう簡単に行くところではなく、**「医者にかかるなんて大げさ」「風邪くらい放っておけば治る」と自分の症状を軽く見てしまい、病院に行く必要性を感じていない高齢者も少なくありません。**また、**「検査で痛い思いをした」「担当した医者が嫌い」**など、過去の経験から病院や医者に対して悪い印象を持ってしまい、行きたがらない可能性もあります。

そのほか、**「重大な病気の発見が怖い」「自分が病気だと認めたくない」「家族に迷惑をかけたくない」**といった理由も考えられます。高齢になると、何かしらの病気が見つかる可能性は高くなるので、これまで健康に過ごしてきた人ほど病気に対しての恐怖心があります。その結果、頑なに病院に行くのを拒んで

**病院に対する印象が悪く、
病気の発覚も恐れています。
病院に行くことで、本人も家族も
安心できることを伝えましょう。**

しまうのです。

「病院で診察してもらったほうが安心なのに」とまわりには不思議に思える態度かもしれませんが、**人生の残り時間が少ないと考えている高齢者ほど自分にとって有意義な時間を過ごすことを大切にする傾向が強くなります。**そのため、診断によって通院や入院が必要ということになれば、好きな散歩や趣味の集まりに参加できなくなるかもしれないと考えます。**自分の行動を制限され、満足できる今の暮らしができなくなると考えてしまうと、健康問題を解決するよりも、現状維持を望む**ようになってしまうのです。

以上のような理由から、お姑さんは病院に行くのを拒否していると考えられます。お姑さんの気持ちも尊重してあげたいところですが、**病気は早期発見、早期治療が大切**です。何よりも家族が心配していること、専門医に診断してもらえれば家族みんなが安心できることを説明し、納得して病院に行ってもらうようにしましょう。

エピソード6

薬の服用を嫌がります…

ちゃんと飲んでください

…糖尿のお薬も ずーっと飲んでるけど… 効いてるんだか 効いてないんだか イマイチよくわかんないよねえ～
はあ～～…
高血圧のお薬も ずいぶん長く 飲んでるよ～～
それに心臓と 腎臓と… それと なんだ…
ぶつぶつ ぶつぶつ ぶつぶつ
あ！ あれだ、あれ！ 目薬！ 目薬もさすのよ～
目薬も そこに カウント しちゃうの？
1回お薬やめて みようか？ きっと大丈夫だと 思うよ？
だーかーら だめだって！
全部 大切なの！

処方された薬を飲みません。
「飲まなくても治るから」
の一点張りで
困っています。

処方されている薬を飲まない、薬嫌いの高齢者は少なくありません。**高齢者が薬を嫌がる最大の理由は、「効果を感じられない」と思っている**からです。

加齢により、慢性疾患や合併症が増えていきますが、このような病気は鎮痛剤とは違い、薬を服用すればたちまち症状が軽くなったり、治ったりするわけではないので、すぐに効果を実感できません。また、慢性疾患の薬は長期にわたって飲み続けなければ効果はなく、**「こんなに飲み続けているのに、全然効果がない。だったら飲まなくていい」とお姑さんのように勝手に自己判断してしまう**のは無理のないことなのかもしれません。しかし、服用を中断してしまうと改善はもちろん、症状を悪化させてしまう可能性もありますのできちんと服用してもらうようにしましょう。

また、**薬の量は加齢とともに増える傾向があります。**毎食後5、6種類の薬を飲んでいる人も多くいますが、**この薬の量に苦痛を感じている**場合があります。単純に種類が多すぎて飲み忘れ

**高齢者は慢性疾患や合併症が多く、
薬を飲んでもすぐに効果を
感じられないということが、
最も大きな理由と考えられます。**

てしまうこともありますので、こういった場合はかかりつけ医に相談し、処方されている薬の見直しを検討してもらうのもよいかもしれません。

ほかにも、**「薬は貴重で高価な物だから、めったなことでは飲んではいけない」**というむかしの印象を持ち続けていて、極力服用しないようにしている高齢者もいるようです。

いずれにしても、お姑さんが**薬を飲む必要性を感じていない**のが一番の問題です。なぜ薬を飲まないのかを質問して、今の薬を服用しなければいけない理由や、この薬の効果と服用を中断してしまうと症状が悪化することがあるといった**「薬を飲まなければいけない理由」を丁寧に説明**し、納得して飲んでもらうことが大切です。

最近では、病院から処方されているにもかかわらず記憶力が低下していることによる薬の飲み残し（残薬）が問題になっています。「お薬カレンダー」を使うなど、処方薬を正しく飲めるように管理してあげることも大切です。

おわりに

ばあさんと同居して9年目の春、ばあさんはそっと旅立ちました。

私たち家族に1ミリも迷惑をかけず、駆け足で逝ってしまったばあさん。さすが、気配りの人。退院を翌日に控えた、くしくも母の日の夜でした。「家に連れて帰るね」というばあさんとの約束が果たせず、後悔ばかりが残り、自分を責める日々でした。

「どうしてもっと優しくしてあげなかったんだろう?」「もっと話を聞いてあげればよかった」もっとああすればよかった、なんでもっと、どうしてあのとき……。そんな日々が続いたある日、ふと気づいたのです。私には田舎で1人暮らしをする実母・よしみがいるということに。

ばあさんのときのように、二度と後悔はしたくない。母に寄り添い、理解し、距離を縮めて、よりよい関係を築くんだ! そう誓いました。しかし実母は、ばあさんに比べると数倍も数十倍も厄介なモンスター。電話をかければ大ゲンカ、顔を合わせれば大ゲンカ……。1年半かけて、ようやく電話でケンカしなくなり、笑って受話器をおけるようになりました。いや〜〜〜、しかしあれだなぁ……、時間がかかるなぁ、と思っていた矢先に、今回この本を出版することになりました。もう目から鱗の連続。高齢者の困ったあるある行動に、ひとつひとつきちんと理由があったなんて（いや、そりゃあるんだろうけど、考えが及ばなかったっていうか………）。あぁ、にしても佐藤先生、もっと早くお会いしたかった。そしたらばあさんのこと、もう少し理解してあげられたかもしれないなぁ……と、少し残念。

しかし、私と母の関係は始まったばかり。これからやってくる母の介護と、自分の老いに、またひとつ向き合う勇気ができました。

本書と、ばあさんからの学びを持って、ハッピーで悔いのない母とのゴールを目指していきたいと思います。本書のマンガは、義母のばあさんと実母のよしみとの過去に「イライラした体験」や「あっけらかんとした行動」を思い出しながら、ほぼ実体験をもとに描きました。本書を手に取ってくださり、心より感謝いたします。ありがとうございました。

なとみみわ

[マンガ] なとみみわ

テレビ制作会社に勤務。子育ても終わり趣味であるマンガを描きつつイラストレーターに転身。Web、雑誌、書籍、ムック、広告等を中心に活躍。義母との生活や家族の話を中心とした生活ブログ「あっけらかん」を人気連載中。ブログ「あっけらかん」http://akkerakan.blog.jp/

[監　修] 佐藤眞一

大阪大学大学院人間科学研究科臨床死生学・老年行動学研究分野教授、放送大学客員教授。博士（医学）。早稲田大学大学院文学研究心理学専攻博士後期課程を終え、東京都老人総合研究所研究員、ドイツ連邦共和国マックスプランク人口学研究所上級客員研究員、明治学院大学心理学部教授などを経て現職。前日本老年行動科学会会長、日本老年社会科学会理事、日本応用老年学会理事、日本老年精神医学会編集参与、大阪府社会福祉事業団顧問などを務める。主な著書に『ご老人は謎だらけ』（光文社新書）、『老いた親のきもちがわかる本』（朝日新聞出版）などがある。

企画・制作　株式会社 A.I
編集協力　小川裕子
デザイン　大曽根晶子（micro fish）
本文 DTP　株式会社エヌ・オフィス

まいにちが、あっけらかん。
高齢になった母の気持ちと行動が納得できる心得帖

2019年2月25日　初版第1刷発行

著　者　なとみみわ
監　修　佐藤眞一
発行者　佐藤　秀
発行所　株式会社 つちや書店
〒100-0014　東京都千代田区永田町2-4-11
電話 03-6205-7865　FAX 03-3593-2088
HP http://tsuchiyashoten.co.jp/　E-mail info@tsuchiyashoten.co.jp
印刷・製本　図書印刷株式会社

ISBN978-4-8069-1661-1